国家社科基金后期资助项目
出版说明

后期资助项目是国家社科基金设立的一类重要项目，旨在鼓励广大社科研究者潜心治学，支持基础研究多出优秀成果。它是经过严格评审，从接近完成的科研成果中遴选立项的。为扩大后期资助项目的影响，更好地推动学术发展，促进成果转化，全国哲学社会科学工作办公室按照“统一设计、统一标识、统一版式、形成系列”的总体要求，组织出版国家社科基金后期资助项目成果。

全国哲学社会科学工作办公室

国家社科基金
GUOJIA SHEKE JIJIN HOUQI ZIZHU XIANGMU
后期资助项目

地方政府环境质量责任研究

Research on the Environmental Quality Responsibility of Local Governments

姜渊 著

法律出版社
LAW PRESS · CHINA
—— 北京 ——

图书在版编目（CIP）数据

地方政府环境质量责任研究 / 姜渊著. -- 北京 : 法律出版社, 2025. -- ISBN 978 -7 -5244 -0296 -1

Ⅰ. X321.2

中国国家版本馆 CIP 数据核字第 2025BW6067 号

地方政府环境质量责任研究
DIFANG ZHENGFU HUANJING ZHILIANG ZEREN YANJIU

姜 渊 著

责任编辑 陈昱希 王 睿
装帧设计 李 瞻

出版发行 法律出版社
编辑统筹 法规出版分社
责任校对 张红蕊
责任印制 耿润瑜
经 销 新华书店

开本 710 毫米 × 1000 毫米 1/16
印张 11.5 **字数** 201 千
版本 2025 年 8 月第 1 版
印次 2025 年 8 月第 1 次印刷
印刷 北京建宏印刷有限公司

地址:北京市丰台区莲花池西里 7 号(100073)
网址:www. lawpress. com. cn
投稿邮箱:info@ lawpress. com. cn
举报盗版邮箱:jbwq@ lawpress. com. cn

销售电话:010 - 83938349
客服电话:010 - 83938350
咨询电话:010 - 63939796

书号:ISBN 978 - 7 - 5244 - 0296 - 1　**定价**:58. 00 元

凡购买本社图书,如有印装错误,我社负责退换。电话:010 - 83938349

基金项目
国家社会科学基金后期资助项目，项目批准号：21FFXB068

序　　言

环境法治是解决环境问题的核心路径,而环境法律又是环境法治的关键所在。然而与众多法律不同的是,环境法律不仅需要面对人与人之间的社会关系,还需要面对人与自然之间的环境关系。尽管环境法律的调整对象是否已经从社会关系发展为环境关系还有待学者们进一步地论证,但环境法律因调整对象而变得特殊是不争的事实。在社会关系中,人与人之间并非一种零和博弈。在整体福利的提升下,和谐的社会关系可以让所有人共同受益。然而在环境关系中,人与人之间几乎接近于零和博弈。在只有一个地球的前提下,自然环境的生态承载力是有限的,再和谐的社会关系也只是让所有个体有序地分享并利用恒定的生态承载力,个体的权利、权益与义务都是此消彼长的关系。即使考虑到生产力与科技水平的发展能一定程度地提升生态承载力,如能源利用水平的提升能一定程度地减少煤炭等传统自然资源的消耗,污染治理水平的提升能一定程度地提升环境对污染物排放的忍耐度等。但这些提升相较于人类庞大的环境与自然利用行为,是渺小且微不足道的。并且,生产力与科技水平的发展并非一朝一夕地爆发,而需要长时间的积累。因此,在短暂的时期内,环境法律所面对的依然是一种零和博弈。

环境法律对个体的规制主要表现为规则性规制,即为个体的行为设定一个规则,要求其在规则内实施行为,否则将予以惩罚。与之不同的是,传统法律大多是禁止性规制,规则性规制往往更多地出现在程序性条款中,禁止性规制如《刑法》对谋杀、盗窃、抢劫等罪行的规制。当然,环境法律的规制条款也经常出现“禁止”的字样,如《大气污染防治法》第35条规定,“禁止进口、销售和燃用不符合质量标准的煤炭”,第37条规定,“禁止进口、销售和燃用不符合质量标准的石油焦”等。但这些包含“禁止”字样的条款并非对某种行为的完全禁止,而是禁止超过规定标准的行为,允许规定标准内的行为。这些“禁止”条款依然是规则性规制条款。对于个体而言,无论是规则性规制,还是禁止性规制,其规制结果都是法律可预期且可控的,表现为个体不作为或按照规则作为。但对于整体而言,禁止性规制的最终结果是可控的,表现为整体的零作为;而规则性规制的最终结果是不可控的，即使所有个体都按照规则作为，最终结果也不受规则的约束，表现为规则作为的个体结果乘以个体数量。最终结果的可控与不可控，是规则性规制与禁止性规制最大的区别。

当不可控的规则性规制遇上了零和博弈，环境法律就产生了一个内生性的缺陷：规则性规制的最终结果很可能突破零和博弈的总限度，导致法治体系的破碎与瓦解。具体而言，就是环境法律无法通过个体规制来控制整体的规制结果，当整体规制结果超过了总限度，零和博弈的博弈平衡就会破裂，个体之间就会陷入无序的竞争与混乱。如《大气污染防治法》无法通过设置并要求所有排污企业按照污染排放标准排放废气，来规制某一区域内所有排污企业的废气排放总量，当废气排放总量超过该区域大气生态环境的承载力，大气环境就会遭到严重的破坏，排污企业的规则性规制就失去了应有的意义，大气环境法治也就荡然无存。环境法律的这一内生性缺陷是以往传统法律从未遇到过的，在传统法律中，也存在一定的规则性规制，但由于非零和博弈不存在总限度，所以即使最终的整体规制结果无法控制，也不必担心博弈平衡的破裂。例如《民法典》第1047条规定“结婚年龄，男不得早于二十二周岁，女不得早于二十周岁”，也是将结婚这一行为的规则设定为男性22周岁以上与女性20周岁以上，但社会里婚姻行为的集合并不存在一个总限度，即使所有22周岁以上的男性和20周岁以上的女性都进行了婚姻行为，也不会导致社会博弈的破裂。

零和博弈让环境法律无法像传统法律一样单纯地关注个体规制，而是不得不关注所有行为的结果。但所有行为的结果无法像个体的行为一样直接进行规制，规制的对象必须是一个具有主观能动性的主体，而非客观的效果。所以，地方政府是唯一的规制对象。地方政府原本就承担着自身辖区内的环境治理任务，让地方政府通过有计划、有目标地规制辖区内所有个体的环境行为，并进而控制所有环境行为的结果，是环境法律实现总体性规制的可行路径。基于此，已经有不少学者从生态环境承载力这一总限度出发，提出地方政府应当为辖区内的环境质量负责，并且这一观点已然被当前的环境法律吸收。然而，尽管学界与实务界都已经确定了“地方政府应当为辖区内的环境质量负责”这一原则，但这一原则如何在法律上进行转化，没有进一步的规定。在环境法律的具体条款中，除了少数条款提及地方政府应当制定环境整体规划以外，难见更为细致且更具可操作性的规定。

如何将“让地方政府为环境质量负责”完成法律上的转化？这是一

个非常庞大而复杂的问题,且是一项崭新的巨大挑战。但毫无疑问的是,法律转化的第一步应当是赋予地方政府相应的法律责任。由于这一责任最终的目的是提升地方政府辖区内的环境质量,所以这一责任应当是环境质量责任。环境质量责任是一种极其新颖的责任。首先,它的责任主体是地方政府而不是个体;其次,它的责任内容是目标达成而非行为与否;最后,它的责任履行方式是权力的行使而非惩罚的威慑。对于如此新颖的责任,一般可以从三个方面对其予以解构:一是对环境质量责任的概念与内涵进行分解,理解到底什么是环境质量责任;二是对环境质量责任的履行进行构造,理解如何确保地方政府会履行环境质量责任;三是对环境法律贯彻环境质量责任进行建构,理解如何在环境法律中对环境质量责任以及“让地方政府为环境质量负责”这一原则进行转化。

当前学界对环境质量责任已然进行了一定的研究,并贡献了不少的成果。但这些研究与成果多围绕上述第一方面的内容,即针对什么是地方政府的环境质量责任进行研究。而对于第二方面与第三方面,仅有个别研究提及对地方政府环境质量责任的履行不能依靠传统法律中个体责任的惩罚式威慑。由于后续正文将对当前的既有研究进行详细的归纳梳理,在此就不再赘述了。概言之,既有研究仅开启了环境质量责任的基础之门。将环境质量责任详细且精确地进行解释,并最终将环境法律以环境质量责任的视角进行应有的革新与发展,对于中国学界与学者们而言,仍然任重而道远。为此,本书秉持谨慎而谦卑的态度,试图在此为中国环境法律的进步贡献绵薄之力。

目　录 Contents

第一章　地方政府环境质量责任的提出背景

第一节　个体视角下的环境问题与解决之难

一、环境问题中的“公地悲剧”与“囚徒困境”

所谓环境问题，其实质是人类活动及其影响超出了环境能力或环境承受能力的极限而出现的问题。环境问题的历史并不长，如果将工业革命视为环境问题爆发的源头，那么我们可以将环境问题视为一个极具现代性的问题。现代文明以前，似乎并不存在环境问题，更不存在所谓的“环境法”。但这并不能说明环境问题就是一个纯粹因为工业革命而产生的技术性问题。相反，在不存在环境问题的过去，早已存在“环境问题的幽灵”。无论是资源概念上的林木、矿产、水、空气，还是环境概念上的森林、土地、山川与大气，在现代经济学领域都被纳入了“公共物品”的范畴。所谓“公共”，即说明使用与消耗资源或者环境的人无须支付相应的对价，对环境或者物品的占有也不存在排他性。同时，人们通过占有或消耗作为环境因子的“物品”，可以获取利益，从而导致人会尽可能地占有、使用与消耗环境资源，将更多的“公共物品”转化为“私人利益”，并且人往往不会考虑他的活动对邻里或后代的影响，结果是资源因被过度开采而枯竭，环境因被过度使用而遭到破坏。这就是哈丁所说的“公地悲剧”。

然而，这并不意味着这种判断（将问题核心理解为“公地”与“私地”之别）抓住了问题的本质。虽然“悲剧”往往出现在“公地”，但是造成这个悲剧的主体是人而不是“公地”本身。剖析“公地悲剧”，还需要将问题回归到人，需要探寻人类为何会对“公地”过分贪婪，如果仅将“公地悲剧”视为“非私有的悲剧”，就犯了形而上学的错误。因为，即使是在不存在“可占有物”的情境里，人类依然会出现类似的困境。公元前 431 年至公元前 404 年，雅典与斯巴达之间爆发了著名的“伯罗奔尼撒战争”，战争的亲历者修昔底德（Thucydides，雅典一方的将军）为之著书《伯罗奔尼撒战争史》，其中第 141 部分关于伯罗奔尼撒人战斗力的论述中就写到

“他们(伯罗奔尼撒人)处于一种充满各式各样竞争角力的状态,因为他们都有平等的代表权,他们来自不同的国家,每个代表只关心自己本国的利益,有些国家强烈希望对他们的敌人采取报复措施,而其他国家为了避免使自己受到伤害却无动于衷,导致最终不能组织起任何有效的(集体)行动。他们仅投入极少的时间来考虑任何公共事务(public object),大部分时间都是用于处理他们自己本国的事情。同时,每个人都妄想着不会有什么害处是自己(对公共事务)的疏忽所致,其他人会替他照料这事或那事;因此由于所有代表都独立抱有的这种观念,公地(the common)会潜移默化地导致腐朽”①。虽然这里的“公地”并不是实质意义上的物,指的是“国防”,但它的本质与“公地悲剧”是相同的——人类在集体行动上的困境,这就是历史上的“环境问题的幽灵”。所谓“公地”其实是指“对待公地的行为”,“公地悲剧”其实是人类对待“公地”的行为的失控,与修昔底德描绘的“人类关注有关自身利益的行为,而不关注有关集体利益的行为”是一致的,区别只在于行为的对象是否指向一个客观存在的物。

英国数学家兼受命教长威廉姆·福斯特·里奥德(William Forster Lloyd)对“公地悲剧”进行了逻辑分析,他在1833年发表的《关于控制人口的两堂讲座》中引入了“公地”和“公地使用者”(commoners)的概念,原创性地阐述了一个初步的“公地悲剧”理论。首先,里奥德假设两个人同意共同劳动,且劳动成果为两人的共同财产(common property)。那么,无论何时不管其中一个人再怎么努力,他也只能获得一半的劳动成果;而如果他偷懒的话也只需承担一半的损失。如果每个人劳动的努力程度仅取决于他所能获得的劳动成果,那么此时两个人劳动的努力程度将只有彼此“单干”时的一半。类似地,当3个人合伙时,激励机制将为“单干”时的1/3,4个人合伙时为“单干”时的1/4……随着合伙人数的增加,激励迅速递减,当合伙人数增加到一定程度时,每个人都会认为自己努力与否对未来产量的关系非常微弱,正如他认为自己对整个社区(community)而言无关痛痒一样;亦即激励将会趋近于无,当这种激励衰减到无法被人类的心灵所感知时,激励机制就彻底失去了意义。② 这也是中国俗语中所说的“一个和尚挑水喝,两个和尚抬水喝,三个和尚没水喝”,规定产权是解决“和尚喝水”的一种方式,例如规定三个和尚各自只

① Hardin G. ,*The Tragedy of the Commons*,Science,1968(2).

② 参见阳晓伟、庞磊、闭明雄:《哈丁之前的“公地悲剧”思想研究》,载《河北经贸大学学报》2015年第4期。

能喝自己挑来的水。然而“三个和尚没水喝”的根本原因并不是没有对挑来的水规定产权，而是因为和尚们对集体行动的自私。由此可见，“‘公地悲剧’是由产权规制不足导致”的判断是偏颇的，产权是解决“公地悲剧”的一种手段，而不是“公地悲剧”的实质，其实质是“人类的集体行动失灵”。

“公地悲剧”是对环境问题的表象归纳，我们将之本质归纳为“人类的集体行动失灵”。然而集体是由个体组成的，仅从集体现象上对环境问题进行逻辑归纳是不够的，还需要从环境个体的视角对其行为逻辑与心理进行探究，才能发现隐藏在“悲剧”之后的真实原因，想要真正剖析环境“公地悲剧”，还需要从环境个体入手，不仅需要分析个人决策动因、博弈方式及最终行动是如何导致集体行动失灵的，更需要分析为何个人会一次又一次重复这种失灵博弈。

抢占并利用环境与资源从而发展自身是人类的天性，面对“免费”的公有物——环境，个人无论是遵循克制还是贪婪的策略，都无须支付相应的对价，而仅需要考虑个人的劳动成本——个人的劳动成本永远低于自身的利益所得。需要指出的是，这里所说的环境与资源，指的都是对人类有价值的环境与资源，而它们的价值性就意味着人类通过加诸劳动于其后所获得的利益必然高于其劳动成本，无价值的环境，如灌溉成本远远高于种植收获的沙漠，不在讨论之列。然而人类的这种天性并不足以回答人类为何会一次次地重复“公地悲剧”。因为如果说在环境问题初现的早期，人类还没有意识到“破坏环境最终会毁灭自身”，那么在环保教育如此普及的当下，人类周而复始地出现“公地悲剧”就显得尤为奇怪。人类社会早期，由于生产力的局限，人类的总体环境行为没有达到整体环境的承载极限，即使局部环境出现了问题，人类也可以通过迁徙至新的环境来解决这一悲剧。此时因为没有出现环境危机，抢占并利用环境与资源是绝对正当的行为，甚至被视为应当鼓励的劳动。然而随着生产力的发展，人类几乎已经迁徙至除南极洲以外的所有大陆，占有并利用了地球绝大多数的环境，环境问题不再限于局部，而变成了全人类与全地球的危机。所有人，无论贫穷还是富裕，无论平民还是权贵，都感受到了环境问题给自身带来的压力与影响。依照人类趋福避祸的理性，人类应当明白贪婪的环境策略是环境问题的罪魁祸首，只有克制的环境策略才能最终解决环境问题。然而现实是极少人选择了克制，更多的人选择了更加疯狂地贪婪。为何环境个体会作出这种与“趋福避祸”截然相反的非理性选择呢？

从个体的微观视角来看，利用环境行为总和与环境本身承载力的矛盾给予了个体两个信息：一是利用环境的行为总和将损害每个人的利益，而这种损害是渐进的、持续的并且平均的。个体的贪婪策略并不会直接导致个体的利益损害，相对于个体通过侵害环境获得的直接利益来说，这种损害是渐进的、不对称的；个体的克制策略也并不会直接给个体带来利益，人类通过整体的克制策略获得的环境利益是持续、平均地反馈给个体的；个体无论选择贪婪策略还是克制策略，受到的损害与获得的利益都是平均作用于每个个体的，单个个体不会因为策略的选择而影响自身的利益，也就是说，个体环境行为与个体环境结果在多数情况下不存在线性的因果关系。二是环境不再是无限的，而是有限的，甚至是稀缺的。从空间上说，环境的有限意味着如果单个个体不选择贪婪策略，其他选择贪婪策略的个体就会抢先占有并利用环境，从而获得更多的利益并在社会竞争中取得领先；从时间上说，环境的有限意味着单个个体如果不选择贪婪策略，环境将不会被保存至未来，从环境上获得的利益是“过时不候”的。

此时的个体面临两种策略选择，并与其他所有的个体产生了双向博弈。如果个体选择了贪婪策略，而其他个体选择了克制策略，那么个体可以通过贪婪策略获得更多的个体环境利益，并且其他个体的克制策略所产生的整体环境利益会在未来平均地分配给自己与他人，个体将在社会竞争中取得领先；如果个体选择了贪婪策略，而其他个体也选择了贪婪策略，那么自己与其他个体将均分短期内的环境利益，并且在未来共同承受整体环境损害带来的个体利益损害，个体在社会竞争中不会落于下风；如果个体选择了克制策略，而其他个体选择了贪婪策略，那么其他个体可以通过贪婪策略获得更多的个体环境利益，并且个体将在未来共同承受整体环境损害带来的个体利益损害，个体在社会竞争中处于落后；如果个体选择了克制策略，而其他个体也选择了克制策略，那么自己与其他人在短期内都无法享受环境利益，并且所有人的克制策略所产生的整体环境利益会在未来平均地分配给自己与他人，个体在社会竞争中不会落于下风，也未取得领先。

这就与社会心理学家梅里尔·M.弗勒德（Merril M. Flood）和经济学家梅尔文·德雷希尔（Melvin Dresher）提出的“囚徒困境”不谋而合。“囚徒困境”讲的是两个具有犯罪嫌疑的囚犯甲、乙，被警察分别关在了两个隔离的房间中，警察对这两个囚犯分别进行了审讯。在审讯中，警察向他们分别提供了三个选项，并让他们作出选择：若他们中的一个坦白了事实真相，那么坦白的人将只被判 3 个月监禁，而没坦白的囚犯将被判

10 年刑；若他们都坦白了，那么他们都将被判 5 年刑；若他们都不坦白，那么他们都将被判 1 年刑。囚犯甲的推理如下：假如我选择坦白，那么乙要是不坦白，我将只会被判 3 个月监禁，即使他坦白，我也只会被判 5 年刑；假如我选择不坦白，那么乙要是坦白，我将被判 10 年刑，即使乙不坦白，我也要被判 1 年刑。因此，我不会冒被判 10 年刑的风险而去选择不坦白，也就是说选择坦白对我是最有利的。同理，囚犯乙也会作出同样的推理。由此不难看出，囚犯甲、乙的推理就个人而言是合理的，且是他们各自的最佳选择，结果是他们都坦白了事实的真相，都被判了 5 年刑。显然，这对两个囚犯来说并不是最佳的选择，于是构成了所谓的“囚徒困境”：两个囚犯都试图选择对自己最有利的行为方式，结果却发现陷入了对双方不利的境遇。

环境个体的博弈遵循了“囚徒困境”的逻辑，从微观的个体策略选择来说，个体本性是利己的，他们的选择都会把个人利益的最大化作为目标，都会通过严密的逻辑推理去追求一个对己最佳点，即“纳什均衡点”，然而这个对己最佳点并不能产生整体最优局面。如果某个体选择了贪婪策略，那么无论其他个体选择何种策略，这个个体都肯定可以在社会竞争中不落下风，运气好的话可以在社会竞争中取得领先；如果个体选择了克制策略，那么个体最多在社会竞争中不落下风，并且很有可能在社会竞争中落后。所以从个体的角度来说，环境最优策略永远是贪婪策略。然而个体的最优策略带来的环境“纳什均衡”将导致环境被持续性地破坏，并最终给每个个体带来巨大甚至是毁灭性的损害，从个体的长远利益与人类的整体利益上看，贪婪策略绝对是一个劣等选择。个体越贪婪，环境问题越严重，然而环境问题越严重，个体就会越贪婪，从而周而复始地进行这种劣等选择，造成一次又一次失灵博弈。这就是为何在环境问题上，个人的最优选择导致了集体行动失灵，其实质是“囚徒困境”导致的环境“公地悲剧”。

二、个体合作在环境博弈中的艰难

在人类漫长的文明史中，“囚徒困境”绝不仅出现在环境领域，在经济学、政治学、社会学及现实生活中类似“囚徒困境”的事例是大量存在的，[①]并且最终并不都是互相背叛、尔虞我诈的互损结果。这说明“囚徒困境”绝对不是不可解的。有许多学者针对“囚徒困境”提出了相应的解

① 参见李伯聪、李军：《关于囚徒困境的几个问题》，载《自然辩证法通讯》1996 年第 4 期。

决办法与解释，如重复博弈与声誉机制、背叛惩罚、信息通信、加强社会理性①等，但无论解决途径如何改变、如何复杂，其核心意图是唯一的，即两个囚徒最终选择了互不坦白，从而实现最优的结果。通俗地说，即两个囚徒选择了“合作”而不是“背叛”。

在合作前，个体与个体之间不仅需要知道自身所面临的处境，更需要明白对方是否具有合作的意图，这就需要双方事先进行意见交流。因为相较于不合作，贸然地单方面采取合作行为往往会给自身带来更大的损失。“囚徒困境”假设的情境是“囚徒之间无法沟通”，只有打破这种信息闭塞，双方才具有合作的可能。信息通信就是切断这种闭塞的解决方式之一，如果双方在信息可以充分共享、通信可以顺畅实施的情境下，理性个体会倾向于选择尝试合作。在“囚徒困境”的故事中，对于个体来说，提出合作意图是最优选择之一，被接受固然好，被拒绝也没有任何损失，依然可以选择坦白策略；接受合作意图也是最优选择之一，接受后按照合作方案实施不坦白策略需要被判 1 年刑，优于拒不合作的 5 年刑，接受后选择欺诈方案实施坦白策略只需要被判 3 个月刑，也优于拒不合作的 5 年刑。而加强社会理性则是从宏观上强化个体的合作意识，让更多个体明白选择合作带来的总收益高于选择背叛带来的总收益，减少了个体背叛的风险，增加了合作的可能性，更多个体也就会产生尝试合作的意图。

在合作进行中，如果有个体选择了欺诈方案实施了坦白策略，则会导致合作的破裂，一方极大受益而一方极大受损；如果双方都选择了欺诈，则会重回“囚徒困境”。仅从孤立的单次情境来说，很难有方法避免此种欺诈，甚至沟通后出现“囚徒困境”比不沟通出现“囚徒困境”的可能性更大。因为相较于事先不沟通的“囚徒困境”，沟通后的个体明白对方很有可能选择坦白策略，自身选择坦白策略从而获得最高个体收益的可能性增加，也就激励了他选择坦白策略，对方亦如此。但这个问题如果纳入现实情境，往往就会得到解决。现实社会中，合作博弈一般并不存在于孤立的单次情境，个体与个体之间往往存在多次、周而复始的博弈，还存在不同个体之间的多次博弈。如果一次博弈中，个体选择了合作意图而实施了欺诈行为，就会导致更大的损失——与其合作的个体下次再与其合作的可能性急剧下降，将在未来丧失合作的可能性，从长远利益看，丧失合作可能性带来的利益损失远远高于单次欺诈带来的收益，所以个体会倾

① 参见王小锡：《经济道德观视阈中的“囚徒困境”博弈论批判》，载《江苏社会科学》2009 年第 1 期。

向于选择遵守合作意图。背叛惩罚与声誉机制就是强化个体实施欺诈所遭受的损失，以保证合作的顺利实施。背叛惩罚针对实施欺诈的个体实施惩罚，增加了其欺诈成本，也就减少了欺诈的可能性；并且惩罚的实施给予了其他个体以心理威慑，让其他个体在实施具体策略时考虑到欺诈很可能会得不偿失，也就从整体上增加了未来合作意图被实施的可能性。声誉机制放大了单次博弈对未来多次博弈的影响，实施欺诈行为的个体不仅与对方个体未来合作的可能性降低，还会因为整体声誉下降导致与其他未曾合作过的个体未来合作的可能性下降。反之，个体选择顺利合作则会增加与所有个体未来合作的可能性。

合作会带来最优的整体收益，从而走出“囚徒困境”，然而并不是说没有事先表达合作意图并实施合作行为的个体就一定会选择坦白这一背叛策略。在虚拟的“囚徒困境”中，作为理性个人的个体会因为“自利”选择坦白，而在现实情境中，也会有个体选择“利他”的不坦白。关于个体“利他”的动机，有学者提出了互惠利他主义、亲缘选择，以及信号传递等理论。① 互惠利他主义与信号传递理论类似于合作机制与声誉机制。互惠利他是指个体期望当自己有朝一日陷入同样困境时，获得别人同样的救助；信号传递是指要提高别人回报他的救助的可能性。稍有区别的地方在于，合作机制是双方有意向的合作，而互惠利他一般是自发互助，并不存在形式上的合作意向交流，可将之理解为“被动合作”。亲缘选择是一个有趣的情况，它是人类在长期的生理进化中形成的一种“理性人非理性”的逻辑。进化偏爱有助于有机体 DNA 传播的行为，所以人类潜意识认为帮助与自己有某些 DNA 相同的血亲意味着某种程度地帮助自己。内含适应性理论(inclusive fitness)为这种“帮亲人等于帮自己”提供了解释：人们倾向于为那些和自己有相同基因的家庭成员作出牺牲。② 反之，对于亲人来说，为你牺牲也意味着一定程度的基因获益，由此双方可能会在数次博弈中构成一种没有实现交流的“被动合作”。所以，互惠利他与亲缘选择虽然都没有事先的合作意向交流，但最终的结果都很有可能与主动合作相一致，就是双方共同作出一定程度的牺牲，以换取整体利益的最大化，从而有可能走出“囚徒困境”。

合作路径为解决“囚徒困境”提供了基本思路，按照这个思路我们尝

---

① 参见桑本谦：《利他主义救助的法律干预》，载《中国社会科学》2012 年第 10 期。

② 参见王瑞乐、刘涵慧、张孝义：《亲缘利他的不对称性：进化视角的分析》，载《心理科学进展》2012 年第 3 期。

试以主动合作或者被动合作的逻辑对环境行为个体的“囚徒困境”进行分析。环境行为个体作为一名“囚徒”,并不是与另外一名或者几名“囚徒”进行博弈。这是环境个体的“囚徒困境”与普通“囚徒困境”最大的区别,它是特别广泛的、无数次的、周而复始的整体博弈。这是由环境问题的客观属性决定的:空间上,环境问题是泛区域甚至是全球的;时间上,环境问题是持续的甚至是源源不断的;类型上,环境问题是复合而多样的。当然,小范围的、短时期的或者完全孤立的环境损害不能称为严格意义上的环境问题,如果一个环境损害是小范围的(不会影响周边区域),短时期的(没有持续性的损害)或者完全孤立的(不会与其他环境因素发生连锁反应),那么它可以通过技术得到彻底解决(或者直接等待它损害的消退),不存在需要环境个体选择贪婪或者克制的持续博弈。

环境个体需要与无数人在很长的时间里,就不同而又互相关联的环境问题进行博弈,这就为传统的通过合作解决“囚徒困境”的途径制造了相当多的困难。

首先,环境行为者无法与其他所有个体进行全面的信息通信。信息通信包含两部分内容:一是关于客观情境的信息共享,二是关于合作意向的要约沟通。环境问题的复合性急剧增加了需要共享的信息量;环境问题的广阔性增加了信息共享的传输成本;环境问题的持续性使信息共享的过程需要不断重复,既加大了需要共享的信息量,也加大了信息共享的传输成本。巨大的信息量与高昂的传输成本使环境信息的共享变得极为困难。此外,作为一名单独的环境行为者,仅与个别环境行为个体交流合作意向并达成合作协定没有任何意义。少量的环境行为个体合作,即少量采用克制策略的环境行为既不能改变环境问题带来的损害,也不能增加总体环境收益,也就不能为这些合作的环境行为者带来个体收益。而想要通过合作使得环境收益增加,必须保证有足够多的环境个体参与合作,这里的足够多指的是行动个体的基数下限必须多到足以在一定程度上扭转环境问题,环境个体在与众多的个体博弈时,不可能与所有人进行有效的意向沟通,只能凭借预判来进行合作(克制)或者背叛(贪婪)的选择,即预判大多数人会选择实施合作行为才可能让此个体也选择合作。然而预判多数人选择合作需要基于以下两点:一是合作保障机制能带给其他个体足够的成本威慑,二是其他个体具有足够高的道德水平。

道德水平与集体理性的培养更多地牵扯道德与教育的领域,在此不作过多讨论。假设绝大多数人为普通的理性人,更多依据利益与成本来作出行动选择,那么决定环境行为个体预判结果的依据是合作保障机制能否在环境博弈中切实地发挥效用。声誉机制在普通“囚徒困境”的解决中是相当有效的，因为重复博弈的必然性，“囚徒”个体选择了背叛就面临下次或者与他人合作可能性的急剧降低，也就意味着背叛的成本急剧升高。但面对环境问题时，个体与众多个体进行复合博弈，不同于行为人与单体或少数个体的简单博弈。单体或少数个体会因为个体的背叛而拒绝与之再次合作，但作为群体的众多个体集合是不会产生有关“个体背叛”的记忆的，即使记住了背叛，也无法拒绝与之再次合作。一是众多个体不可能清楚地了解某个个体的背叛行为并与之对应，他们只能注意到多数个体集体行动后的环境结果，例如我们永远不会关注美国某个人是否往大气中排放了大量的二氧化碳，而只会关注美国的整体碳排量，从而也就无法记住“个体背叛”。二是即使个体选择了背叛并被记忆，也无法拒绝与之进行第二次合作，这是因为在环境问题上的合作人类是被迫的，而不是可有可无的选择，例如紫金矿业曾经造成过重大的污染事故，但我们依然希望它在未来的经营中保持克制的环境策略，所以背叛记忆也无法影响第二次合作的可能性。因此，在环境行为的“囚徒困境”中，单次背叛并不会影响二次合作，也就无法产生足够的行为成本，合作也就无法得到保障。如果国家或者政府试图建立起环境声誉机制来改变这一困境，则又会面临信息（声誉记录）的记载与传播需要高昂的社会成本的问题，最终收效甚微。可见，环境博弈的整体性极易导致环境行为人预判其他众多个体有可能会实施背叛行为，故而自己首先实施背叛行为。

如果在环境“囚徒困境”中主动合作是困难的，那么被动合作是否可能呢？答案依然是否定的。互惠利他必须是其他个体有可能会在未来给予自身同样的帮助，亲缘选择必须是其他个体与自己有血缘上的联系（或者深厚的感情联系，如友情、爱情或者群体认同感）。这就决定了无论是互惠利他还是亲缘选择，都必须建立在小范围博弈的基础上，因为个体不可能指望一个在天涯海角的人再次与己相遇并给予帮助，也不可能与一个素昧平生的人产生亲缘联系。[①] 在环境博弈中，个体与多数人都是陌生而相隔遥远的。从互惠利他的角度来看，虽然我们共同生活在地球上，同享地球环境带来的利益，同受环境问题带来的压力，但是个体与个体之间并不存在互惠利他的动因与可能，少数个体之间的互惠也无法产生利他的结果。从亲缘选择的角度来看，虽然我们同为人类这一物种，

---

① 参见凌斌：《界权成本问题：科斯定理及其推论的澄清与反思》，载《中外法学》2010 年第 1 期。

但陌生个体之间更多的是竞争关系,简单的物种相同或者遥远的血缘联系早已被人们漠视或者淡忘,尤其在面对资源紧缺的压力时,其他个体早已成为资源的“分蛋糕者”,很难指望个体作出自愿的牺牲。

三、个体权利在环境分配中的矛盾

如果个体之间的合作在环境问题中面临重重艰难,那么赋予个体环境权利,进而通过保护个体的环境权利以实现环境保护之目的,是否可行呢?事实上,以权利解决环境问题的这一思路有着悠久的历史。早在20世纪80年代初,国内就有环境法学者提出了环境权的学说。[①] 他们或援引具体的法律条文或者国际公约,或凭借抽象的个体对水、空气等环境因素的需要,来论证环境权的成立与必要。[②]

环境权学说并不是某个学者心血来潮地对环境权实然存在的一种理论概括,而是伴随全球环境危机而生的时代性产物,担负着阻止环境破坏、保护环境的任务与使命。当个体的私有环境受到他人的侵害时,个体可以通过民事权利等传统权利途径获取救济;当局部出现环境危机时,个体可以通过寻找新环境的方式来继续获得利益;但在全球化文明几乎将地球所有的环境全部开拓完毕后,没有新的环境可以替代被消耗的旧环境时,人类才被迫提出环境权这种学说。它诞生的缘由是地球上越来越有限的环境阻碍了所有人对环境的利用,诞生的目的在于遏制、延缓现有环境被污染的速度,确保有足够的剩余来保证人类以及子孙后代可以继续利用环境以获益。概言之,环境权学说是一个对抗环境污染、保护环境的理论武器,它认为环境权之所以必要,是因为传统权利体系已经无法满足环境保护的需要。因此,有关环境权的探讨,应当围绕环境权是否真正“有利于”环境保护而展开。

环境权学说的逻辑在于:如果赋予个体以环境权,破坏环境就变成了侵害环境权,在以权利概念为核心的现代文明体系中,以权利之名对抗环境权侵害比单纯地要求保护环境、阻止环境破坏更有效。此种逻辑成立的前提条件是,侵害行为与行使权利行为之间是泾渭分明的。以健康权为例,即使是基于自身器官替换的需要,强行摘取他人器官也是侵害行为而不是行使健康权的行为。定义侵害而非权利的行使,是基于利益的归属判断(侵占不属于自身的利益),或是基于个体的主观恶意。在涉及环

---

① 参见蔡守秋:《环境权初探》,载《中国社会科学》1982年第3期。

② 参见罗典荣、陈茂云:《环境权初探》,载《法学研究》1988年第3期。

境权的某些情境下，此定义下的区分判断也是清晰的，如果权利主体与侵害者生存在不同区域，侵害者越境污染权利主体所在环境的行为，如跨区域的垃圾倾倒，便可被判定为侵害行为；或者即使生存在同一环境内，侵害者恶意污染其与权利主体共同生存的环境，如恶意在饮用水源处排泄，也可被判定为侵害行为。然而在更多的环境权情境下，此种判断却变得模糊不清，表现为个体善意地占有与利用属于自身的利益，同时却侵害了他人的权利，即个体在行使自身环境权的同时，侵犯了他人的环境权。例如，在同一条溪流上下游的两个村庄，上游居民饮水、在溪流里清洗马桶或引水冲洗猪圈，会导致下游水源枯竭或者受到污染，从而影响下游居民对水源的利用。饮水、清洗与冲洗行为对于上游居民来说，是其环境权的正常行使，但对于下游居民来说，是侵害其环境权的污染行为。换言之，上游居民的环境权侵害了下游居民的环境权，两者的环境权在流域内的水环境上是冲突和矛盾的。

在以往的权利逻辑中，即使在单一载体上面临多种权利的冲突，也可以明确地区分出位阶的高低以保障每种权利的顺畅实现。例如单一物上物权优于债权，留置权优于质权等。但就环境权来说，我们无法直接判定甲的环境权优于乙的环境权，也无法直接判定获得何种利益的环境权最优。在现实中，往往是占据有利条件的一方优先行使了环境权，例如上游居民可以优先享受到洁净的溪水；占有资源多或者实力强大者诱使或强迫弱小者接受环境权受损的事实，例如工厂以提供就业机会为由获得在某村庄排放废水的权利。环境权互相侵害又无法区分高下，这种矛盾不仅发生在不同个体之间，也同样产生于同一个体的不同环境权之上。例如，在经济不发达的农村兴建污染较为严重的产业，地方居民一方面通过默许或者不反抗企业的排污行为，获得了相较农耕报酬更为丰厚的在企业中就业的机会——行使环境经济权；另一方面不得不在日常生活中忍受污浊的水源与空气——环境健康权被侵害。同时，由于处于同一区域的环境，企业在行使环境权（排污）过程中，也必须忍受被污染的水和空气（自身环境权被侵害）。在这里，我们很难说哪种环境权是绝对正当的或不正当的，也无法为各环境权排定一个先后座次。无法清晰区分权利与侵害，实质是将侵害行为与行使权利进行了混淆，将环境权与环境权侵害进行了等同。

这种混淆与等同也出现在环境权支持者对环境权的论述中，如陈泉生教授在解释环境权时举了这样一个例子：法人及其他组织的生产、经营或其他活动须在一定的环境中进行，倘若该环境遭受严重污染，损害劳动者的健康,致使该环境不适宜从事生产劳动,那么全体员工就有要求在符合一定标准的环境中进行生产劳动的权利。[①] 在这里,陈教授显然将企业生产时对环境的破坏视为对员工环境健康权的侵害,但他忽视了企业同样也具有环境发展权,且员工的环境权并不仅限于通过环境保证自身健康这一种。如果是企业违法排污或生产从而导致环境破坏,那么认定企业对员工环境健康权的侵害还比较清晰;但如果是企业合法排污或生产从而导致环境被破坏,则很难按照陈教授的结论将环境权与环境权侵害进行区分。第一,企业利用环境从而实现自身的发展,不可避免地会消耗环境资源,是自身环境发展权的行使,不能简单地将之置于员工环境健康权之后;第二,员工的环境权不仅包含利用环境获得健康利益,也包括利用环境获得经济利益,员工自主选择在企业内工作,以忍受不健康的环境为代价获取较高的经济回报,是自身行使环境经济权的一种方式,但此种环境权侵害了员工的环境健康权。如果说企业排污与员工就业都是对员工环境健康权的侵害,那么我们能否反过来说员工环境健康权是对企业环境发展权与员工环境经济权的侵害呢?

环境权学说混淆与等同了环境权与环境权侵害,这意味着当环境权学说试图保护环境权时,其实也会正当化且保护环境权侵害。由此可以判断,环境权学说不仅不能解决环境问题,甚至会鼓励环境侵害。这一判断并不仅是理论意义上的推演,还是历史上客观发生的事实。如果我们撇开科学技术的推动,仔细研究环境污染的历史和环境危机的本质,就会发现正是环境权的激励与过分行使造成了现在的“环境困境”。环境问题的本质就是人类排放了太多的垃圾与消耗了过多的资源,而几乎所有的“消耗”与“排放”都是事实上的环境权行使。[②] 环境问题突出的年代恰恰是人类文明史上环境权得到最充分行使的年代,虽然当时这些“排放”与“消耗”往往会借以“发展权”“劳动权”等权利之名,但依然可以发现它们背后的利用环境之实,只不过当时为这些事实上的环境权行使来摇旗呐喊的不是“环境权”罢了。

为何原本清晰的权利与侵害之分,会在环境权上变得模糊甚至一致呢?这是因为环境权所处的情境与以往的权利情境并不相同。以往权利手段所解决的是一系列的社会问题,需要考虑的是人与人之间的关系协

① 参见陈泉生:《环境时代与宪法环境权的创设》,载《福州大学学报(哲学社会科学版)》2001年第4期。

② 参见钱大军:《环境法应当以权利为本位——以义务本位论对权利本位论的批评为讨论对象》,载《法制与社会发展》2014年第5期。

调,并不存在制约这些关系的限度,协调的结果是个体权利的各自尊重与行使。以生命权解决谋杀问题为例,人人尊重并行使生命权既是最理想的结果也是可行的,这种尊重与行使的平衡格局基于两个前提:权利总量的无限与可区分。所谓无限,指的是每个人都可以正常地维持自己的生命,社会足以容纳所有人保有并延续生命;所谓可区分,指的是个体的生命并不以另一个个体的生命为前提,个体与个体之间并不共享生命权。然而环境权并不存在这一前提:环境权的总量是有限而不可区分的。环境权的总量之所以有限而不可区分,是因为环境权必须建立在环境这一载体之上,需要考虑自然的限度——有限而整体的地球环境。所谓有限,指的是地球环境资源的有限性,以现有的科学技术水平,地球环境资源远远不足以支撑人类所有的环境需求,环境破坏与资源枯竭是可预见的;所谓整体,指的是地球环境资源不能明确地划分给不同个体,即使产权手段能一定程度地解决"公地悲剧"问题,但以空气、阳光、水等为代表的绝大多数环境资源是共有而不可分割的,强行分割是不正义的。地球环境的有限性与整体性是不可改变的客观事实,是环境问题产生的客观前提,因此,环境问题产生的同时,也决定了环境权学说注定是失败的。

环境权学说不能解决环境问题的判断足以回答环境权之问:环境权应然必要地讨论结果为否,所以法律不应当设立环境权。但是这并不意味着研究环境权对于解决环境问题来说没有意义。因为环境问题离不开环境权,其根源是环境权的过分行使,其本质是环境权受到了侵害,解决问题的最终目的是保证环境权的行使与延续。即使我们不在法律上赋予个体环境权,我们依然需要在事实上保证并延续个体的环境权。问题是,如果不能赋予并保护环境权,我们应当如何来实现这一目的呢?

为了回答这一问题,环境权论的反对者为我们提供了一个新的视角:坚持环境权的不可分性,坚持人类共享一个地球;否认个体环境权的存在,提出人类共享环境权,即"人类的环境"。[①] 从环境这一权利的载体出发,关注环境本身的保存而不是个体权利的保护,应当是正确的。因为个体的环境权必须以整体的环境为前提,否则将"皮之不存,毛将焉附"。然而,仅否认个体环境权的存在,将环境权与地球环境定义为共有,对于解决环境问题来说依然是不够的。因为基于利己的短视理性,人总是更关心仅属于自己的利益,而不是属于自己所属的某个共同体的利益,对于

① 参见徐祥民:《极限与分配——再论环境法的本位》,载《中国人口·资源与环境》2003 年第 4 期。

前者,人往往也更愿意为之付出。所以即使每个人都清楚当下自身环境权的行使会损害共有的地球环境,从而最终损害他人的环境权以及自己未来的环境权,绝大多数人的选择也只会是抢在他人之前攫取与消费更多的环境与资源,而不是克制自己环境权的行使。试图解决环境问题,试图保证环境权的行使与延续,不能孤立地从个体的权利或是人类的环境这两个视角出发,而需要将二者有机地结合,辩证地思考。

环境是环境权的载体,也是环境利益的本源与基础,离开了环境谈环境权是无源之水;环境权是环境的价值,是保护环境对于人类的价值所在,离开了环境权谈环境保护是没有意义的。然而,环境权的行使导致了环境的受损,环境的受损又反向危害环境权的实现;环境权的克制可以保护环境的良好,良好的环境又有利于环境权的实现。也就是说,环境权与环境本身是一对悖论的存在:最小化环境权的行使,环境就能得到最大化的保护;环境最大化的保护,目的在于最大化环境权的行使;最大化环境权的行使,意味着最小化环境的保护;最小化环境的保护,结果是环境权行使将被最小化。看待环境权,首先应当辩证地看待这对悖论关系。个体的环境权也许确实有必要存在,但它在环境分配上存在本源性的矛盾。而环境权这一本源性的矛盾,将环境问题的解决重新导向了整体的视角。

第二节　地方政府视角下的环境保护与应有担当

一、环境保护的分割与地方政府的进入

环境权将环境问题的解决重新导向整体视角,而合作途径在解决环境行为者的"囚徒困境"上面临极大的难题,同样提示了整体视角对于环境问题之重要。既然合作途径的难处在于环境博弈的整体性,那么我们在战术上可以考虑从打破其整体性入手。如果缩小环境博弈的圈子,环境个体不再面临广泛的复合博弈,情况是否会有所改变呢?假设环境博弈不再是广域的整体人类博弈,而是被限制到一个较为狭小的区域。"狭小"这个定语包含以下两层含义:首先,在这个区域内进行信息通信的成本需要是可控的,也就是说,这个区域的环境信息可以被充分交流,以及区域内的环境行为个体可以就合作意向进行交流,起码要能了解区域内大多数人的意向。其次,这个区域需要小到可以构建起声誉机制,这里的声誉机制指的是混合声誉机制,个体与个体之间可以就一方在环境策略上的贪婪或者克制,降低或者提高其声誉,从而减少或者增加与其未

来在经济、社会等领域合作的可能性。小区域内的个体可以充分了解另一个体是否实施了合作行为，并且可以将之与其他个体进行交流。建立声誉机制是因为这可以成功了解与传播个体的声誉，即可担负的信息通信成本，所以两者（声誉机制与信息通信）对于博弈区域“狭小”的要求应当是一致的。在这个狭小的区域内，博弈重回普通的“囚徒困境”，环境行为个体也就会在信息通信条件与声誉机制的影响下，倾向于选择合作途径。此外，如果这个博弈区域继续缩窄，狭小到区域内的个体多为亲族、朋友之类的亲密群体，那么被动合作便具有了一定的可能性，环境行为个体可能会因为亲缘选择之故而放弃部分自身的利益，从而为其他个体创造更好的环境。

缩小环境博弈的区域为合作途径解决环境个体的“囚徒困境”提供了可能，但如何做到这一点呢？从自然科学的角度看，环境问题是难以被分割处理的，孤立区域即使能创造良好的环境，也会因为整体环境的恶化而被污染，所以缩小区域指的并不是将环境问题分割、封闭治理，而是指将原本针对所有人的集体环境行为管理进行分割。我国现行的环境法律体系，以直接针对个体进行规制为核心，形成了个体直接向法律（或国家）负责的管理体系。环境行为个体需要与在整个环境法效力范围内的所有个体进行环境博弈，这会导致其陷入合作途径难以发挥作用的环境“囚徒困境”。想要改变这种状态，让行为个体摆脱环境“囚徒困境”，就需要让地方政府积极地进入，分割环境行为管理范围，缩小环境博弈区域。

无论是国内还是国外，地方政府都经常在环境保护中扮演极为重要的角色。虽然各国环境保护之路开始的时间有先后之分，各国文化经济和社会发展有发达与发展中之分，在环境问题最初的解决推动上有政府推动或者民间推动之分，但殊途同归，各国环境保护最终都将地方政府置于环境保护实践中极为重要的地位。可以说，让地方政府积极地进行环境保护，在客观上不存在任何障碍。

尤其是在当下我国积极进行生态文明建设的时期，地方政府更是扮演起了十分特殊的角色。生态文明是对工业文明的纠偏，在工业文明时代，人类将自然作为自己征服的对象，将自然环境的多元价值统一为财富价值，向自然不断索取，将所有的自然资源转化为财富，以至于自然环境难以承载人类的活动，自然环境问题日益突出，这是工业文明自身的弊端，也是生态文明所要破解的难题。因为工业文明这种毫无节制地对自然索取的发展方式是难以为继的，最终只会导致人与自然的“双输”。人类只有改变原有的生活和生产方式，把对自然的索取转向人类的自我约束，最终达到人与自然的和谐相处，才能解除工业文明这种破坏自然的发展模式的遗毒，人类才能赢得保护环境这场战争。[①] 而赢得这场战争的关键就在于人类超越工业文明下那种人与自然截然对立二分的思维。生态文明主张人与自然和谐相处，这是生态文明的特质和要求，而这恰好是破解工业文明下环境问题的关键。相较于工业文明的一元论和无限论，生态文明主张多元论和极限论。多元论主张，自然环境的价值是多元的，而不是只有财富价值一种，财富价值并不是自然环境价值的全部。多元论主张的自然环境的价值也不是多种价值的简单叠加，多元价值中既有可以直接供人类消费的价值，也有经过加工后可供人类消费的价值，还有在原位保存下即可供人类消费的价值，或是上述几种价值的复合价值，这些价值既可以是在自然过程中产生的价值，也可以是自然资源本身经由人类加工后产生的价值。总之，多元论主张自然环境的价值是一个多维度、复杂、综合不可分割的价值体系。例如，自然界中的动植物组成的自然环境，其价值存在于自然整体环境之中，对于人类而言这种价值就是多元综合而成的价值。极限论则主张自然环境资源不是取之不尽用之不竭的，而是在边界和数量上都是有极限的。之所以有环境保护问题，就在于人类现在在地球上进行的各种开发活动，已经接近或者突破了自然环境的极限。

生态文明建设极力呼吁地方政府积极地进行环境保护，就是需要强势的政府积极地去履行环境保护的义务。这里的强势政府并不是说政府要集权强制或者独断专行，而是说由强势政府来承担环境责任。因此这里所说的强势政府更确切地说应该是积极主动承担环境职责的政府。生态文明建设呼吁政府成为强势政府，这是由生态文明建设的本质和现实需要所决定的。“要从生态学的角度来解决环境问题，就必须把所有的环境问题集中成一个完整的生态系统形式加以解决，这就需要各个负有环境保护职责的机关协同合作，形成合力。而要达成这样的协调合作，就必须有一个以环境保护为出发点的强势政府。”[②]从我国环境保护的现实来看，要完成控制环境容量和资源总量的使用、破解邻避效应和减少或避免“搭便车”现象等任务，都需要强势政府来积极作为。

---

① 参见吴贤静、林镁佳：《从“环境之制”到“环境之治”：中国环境治理现代化的法治保障》，载《学习与实践》2020年第12期。

② 廖红、[美]克里斯·郎革编著：《美国环境管理的历史与发展》，中国环境科学出版社2006年版，第149页。

当地方政府积极地进行环境保护，进而试图缩小环境博弈区域时，首先要解决的问题就是需要为分割管理设立一个分割的标准。地方政府是行政辖区内的主宰，但同时也是整体环境保护上的合作者。不同的合作保障机制需要适应不同的区域环境条件，如果只是笼统地在环境法律中规定“依照合作保障机制的有效性”对环境行为管理进行分割，那么谁来评价“有效”呢？所谓“有效”，指的是合作保障机制能保证行为个体从环境“囚徒困境”中走出来，实施克制的环境策略，最终聚沙成塔，带来优良的环境品质结果。所以遵循分割管理模式的途径设置环境法，需要明确评价“有效”的标准，它不是任何一个主体的主观意志，而是优良环境品质的客观标准。自然科学为评价环境品质制定了一系列的环境标准，环境法要做的就是遵循这些标准，即根据“科学的环境质量目标”设置分割区域，对环境行为管理进行分割，并最终以优良的整体环境品质达到环境法的立法目的。以具体的环境质量目标来分割管理区域，既能避免任何环境以外的主观意志的干扰，也便于直观地判断分割范围是否科学。

科学地分割环境管理区域，并让地方政府积极地进入环境保护，为有效地摆脱环境“囚徒困境”提供了新的思路。它实质上改变了原本由环境法直接管理环境行为的方式，缩小了环境博弈区域，克服了环境博弈整体性的难题，摆脱了环境行为人的“囚徒困境”。为环境区域设立了环境法律责任之后，环境法应当围绕实现环境法律责任进行改造，并带来更狭小的区域博弈。这就使环境法不再直接管理个体的环境行为，而是划分环境管理的区域，将原本管辖环境个体的具体权责交由地方政府。国家通过法律为区域的管理者设置具体的、区域的环境保护目标，放权让地方政府思考如何通过具体的制度设计、规则制定、环境博弈来实现这个环境保护目标。地方政府负责具体调整个体的环境行为，这意味着环境个体只需要面对区域内的环境博弈。当区域的设定是科学的，也就是足够狭小到各种合作保障机制可以充分发挥作用时，多数的环境个体就会自发地选择克制策略；地方政府还可以进一步下放权力，让更狭小的区域管理者制定相关制度，鼓励环境个体进行亲缘选择。需要补充的是，在各层次的管理区域内，产权化手段可以寻找到自身成本可控的区域，并发挥作用。例如，在一个城市内建立排污权交易市场，与全国的排污权交易市场相较就更为可行，地方政府比中央管理者更能了解环境的客观情况，保障市场的有效运行，原本很难实施的产权化制度就能很好地在一定区域内发生作用，有助于对抗环境问题，“庇古税”也一样。

在现有的环境法制模式下，整体环境依然是一片“公地”，只有中央管理者真正为环境质量操心。在环境法律体系转变之后,地方政府真正地"认领"了自己的环境辖区,他们必须为实现环境法为其制定的环境质量目标切实努力,区域环境成为一片片的"私地",地方政府被赋予管理的权力并需要为不利后果直接负责,地方政府从原先单纯的执法主体角色变成了义务承担者,促使其真正关注自己辖区的环境质量,承担起保证整体环境行为有利于环境改善的重任,而不再仅按照中央管理者制定的规则对环境行为个体进行监督与惩罚,其环境行为由被动作为变为主动作为。相较于中央管理者,地方政府能更好地解决自己辖区内的环境问题,因为他们可以采取的解决途径丰富得多,其既可以为各环境行为主体量身定制更为科学的环境行为准则与罚则,也可以在自己的辖区内构建环境产权交易市场,更可以充分发挥合作机制的优势,让自己辖区内的环境行为个体选择克制策略从而走出"囚徒困境"。同时,分割后的区域团体作为法人形式的环境行为主体在与周边其他主体的环境博弈中能有更有效的合作与作为,进而推动整体环境的不断改观。

二、环境保护中地方政府的基本义务

在环境保护法律中,地方政府所负的环境义务设置是否合理、地方政府对环境义务是否履行、对地方政府环境义务的监督是否有力,这些都直接决定环境保护法律实施效果的好坏。西方发达国家的环境议题或者环境保护法律都肇始于民间环境保护运动,但最后无一例外都是确立了地方政府在保护环境中的各种义务。不论是日本的《环境基本法》,还是美国的《国家环境政策法》,都规定了地方政府需要承担多种义务。[①] 而从国际公约上看,目前关于环境保护类的国际公约,如《内罗毕宣言》和《人类环境宣言》等也都规定了地方政府的环境保护义务。由此可见,在环境保护实践中,明确和强化地方政府保护环境的义务是全球通行的做法。

与西方环境保护实践中"自民间到政府"的实践路径不同,我国环境保护实践走的一直都是自政府(包括地方政府与中央政府)到民间的实践路径。1972 年,我国政府参加了联合国人类环境会议,开始认识到环境问题的严重性以及保护环境的重要性;1973 年,国务院召开第一次环保会议;1978 年,环境保护第一次被写入《宪法》第 11 条;1979 年,我国颁布首部环境保护类法律《环境保护法》(试行);1982 年,环境保护第一

---

① 参见钱水苗:《政府环境责任与〈环境保护法〉的修改》,载《中国地质大学学报(社会科学版)》2008 年第 2 期。

次被写入经济和社会发展计划；1982 年，国务院第一次在国家机关中设立城乡建设环境保护部；1983 年，我国宣布保护环境为基本国策；1984 年，国家设立国家环境保护局；1989 年，国家正式颁布首部《环境保护法》；1993 年，全国人大增设环境保护委员会；1998 年，国家开始正式成立国家环境保护总局；2005 年，国务院第一次提出“倡导生态文明”；2007 年，“建设生态文明”第一次被写入中共十七大报告；2008 年，国家正式成立国家环境保护部；2012 年，“美丽中国”第一次被写入中共十八大报告；2014 年，我国对《环境保护法》进行修订，修订通过后的《环境保护法》被称为“史上最严环境法”；2015 年，中共中央、国务院联合发布我国生态文明建设的纲领性文件——《关于加快推进生态文明建设的意见》；2018 年，“生态文明”首次被写入《宪法》文本之中，[①]原环境保护部改组为生态环境部；2022 年，国务院办公厅印发《新污染物治理行动方案》；2023 年，国家设立全国生态日；2024 年，党的二十届三中全会系统部署了深化生态文明体制改革的重点任务和重大举措；2025 年，国家再次召开全国生态环境保护工作会议。

经过多年的探索与发展，我国的地方政府被赋予了重要而独特的环境保护义务，主要包括三个方面：首先，地方政府负有控制环境容量和资源总量的合理使用的义务。人类生活在同一个地球之上，人们越来越发现环境问题具有整体性。人人都与环境休戚与共，环境的整体性已经让地球上的每一个人都成为密不可分的环境命运共同体。而地方政府就是地球环境命运共同体在其所在辖区的维护者。只有地方政府把其辖区范围内的企业和公民协调起来有序开发利用、消耗自然资源，才能保证环境命运共同体的可持续发展。如果按照极限分配的思路，地方政府应该成为环境资源总量和容量的控制者，按照环境资源总量和容量的合理限值，来决定环境命运共同体消费资源的行为，从而保证环境命运共同体的消费行为不再超过自然环境的总量。而对于环境保护中必不可少的一环的动物与自然环境，地方政府与人类都具有对其保护之义务。在建设生态文明的过程中，利用环境的个体和地方政府都有保护环境的义务，这既能保证非人类中心主义者主张的保护动物和环境的诉求，又能保证人类中心主义者主张的动物没有权利的意见得到满足，避免造成人与动物同权的尴尬。

---

① 参见张红杰、徐祥民、凌欣：《政府环境责任论纲》，载《郑州大学学报（哲学社会科学版）》2017 年第 3 期。

其次,地方政府负有维护环境保护与社会稳定平衡的义务。当建设对人体或者自然环境造成严重破坏的生产或者消费项目时,此项目会遭到项目所在地或者项目周边地区民众的抵触或者不满,甚至可能会引发群体性事件。此类项目大多涉及周边环境中的水源、空气质量和食品安全等问题,更易于引发民众的关注。随着我国经济和社会的发展,民众的环保意识逐步增强,维护环境保护与社会稳定的平衡在我国环境保护领域是十分必要的。在此,就需要强势政府的介入。维护环境保护与社会稳定的平衡的“金钥匙”就在于强势政府要勇于承担环境保护义务。勇于承担环境保护义务的强势政府,会扭转牺牲环境来追求经济发展的旧思路,在发展经济的同时,也会追求环境保护,最终实现环境保护与经济发展的平衡。具体而言,强势的、勇于承担环境保护义务的地方政府会站在更大的范围、更高的视角去考察此类项目能否设立(如果设立其消极影响范围如何等),这样就会去除地方保护主义的阴影,作出更加科学合理的安排。并且,强势的、勇于承担环境保护义务的地方政府更容易倾听项目所在地民众的呼声,更容易对所在地民众的诉求予以关注,即使碰到必须破坏环境的项目,地方政府也会采取移民或者合理补偿等方式,来化解政府、项目和项目所在地民众之间的矛盾或冲突。

最后,即减少或避免各类主体逃脱或规避环境责任的义务。在许多和环境有关的情境中,许多主体会不付出成本而免费享受他人带来的环境之利。但是,保护环境人人有责,因为在环境命运共同体中,每个主体都是保护环境的受益者。如果在环境保护中,有政府、企业、个人或者其他保护环境的主体不履行其保护环境的职责或者义务,而享受其他环保主体履行环保义务所带来的便利,那么全局与长远上的环境保护就会进入不断消解的恶性循环。要减少或避免各类主体逃脱或规避环境责任的现象,必须依靠地方政府强势地行使公权力,积极地履行环境义务。在宏观上,强势的、勇于承担环境保护义务的地方政府不会放任负有环保责任的主体“搭便车”。在微观上,对于依法负有环境保护责任的主体,若其不履行环保责任,只想坐享其他环保义务主体的便利时,强势的、勇于承担环境保护义务的地方政府就会严惩依法负有环保责任的主体,这样既可以督促一般责任的责任主体履行环保责任,又可以预防其他违反环保责任的违法犯罪发生。

三、环境保护中地方政府的法律责任

强势的地方政府要承担起生态文明建设的环保义务,必须构建起完善的地方政府环境保护责任体系。而构建地方政府的环境保护责任体系,则必须加强地方政府环境法律责任。地方政府的环境法律责任主要包括两个方面的内容。第一,履行环境法律责任是强势政府的应有之义,这就要求地方政府要积极作为,以使环境质量达到预期设定的目标。具体来说,强势政府要依法实施环境保护法律,严格执行环境保护法律中规定的义务,督促各环境义务主体履行环境法律责任。第二,地方政府要对不能履行环境法律责任的责任主体施加不利后果,其又包含两个层次的内容。其一,对于不能履行环境保护义务的行政相对人,地方政府要采取罚款、停业整顿、吊销营业执照等行政处罚来督促行政相对人履行环保义务;其二,政府作为环保责任的主体,当其不履行环境法律责任时,地方政府的首脑也要承担不利后果,这种不利后果包括行政辖区首长被免职、党政同责等。只要地方政府没有实现保护环境法律责任的目标,那么其领导者就要承担上述不利后果。

环境作为整体,具有系统性和全局性。但每个地方政府管辖的区域是有限的。① 然而,有些环境问题是跨行政区域的,如河流、山脉和大气环境等。对于这些跨越行政区域范围的环境资源,如何进行保护呢?这就涉及如何在这些跨行政区域的范围内分配各个地方政府的责任。在保护跨行政区域范围的自然资源时,要根据自然资源的自然属性,统筹安排各个政府辖区的责任,这里面既包括地方政府层面的责任,又包括跨行政区域管理机构的职责,还包括跨行政区域范围的各级政府的各个具体职能部门的职责等。

我国中央人民政府逐步认识到了保护生态文明的重要性,认识到先前那种牺牲自然环境来谋取经济发展的方式从长远来看是短视的,是杀鸡取卵、竭泽而渔的发展方式,这种发展方式是不可持续的,最终会对我国的经济和社会发展产生危害;还认识到绿水青山就是金山银山,逐步加大对环境保护的力度,扭转重视经济而轻视环境保护的旧思路,我国经济发展才能稳步长久发展。因此,中央提出了经济发展速度与环境保护之间协调发展的思路。环境保护问题具有整体性。站在环境保护全球治理的角度来看,积极参与到环境保护治理中来,可以提升我国的国际形象,展现我国负责任大国的担当。从另一个角度来看,环境治理也是国家治理能力之一,注重解决环境保护难题也说明了我国国家治理能力的提升。

---

① 参见吕忠梅:《论环境法的沟通与协调机制——以现代环境治理体系为视角》,载《法学论坛》2020 年第 1 期。

在环境问题日益重要的时代，环境保护问题也是国际事务的重要内容，我国在环境保护问题上积极主动，提升自身环境保护能力，就能在国际环境保护事务中增加主动权和主导权。因此中央在我国环境保护中具有无可替代的地位。

从我国环境保护实践路径中我们可以看出，在我国自上而下的环境保护发展路径中，中央一直处于核心领导地位，一直是我国环境保护的启动者和推动者。在地方政府的法律责任体系中，中央有着极为关键的地位与功能，主要表现为设定环境责任目标等。而这些环境责任目标，往往需要地方政府依照其责任进行达成。目前无论是理论界，还是立法界，都已经形成了建设生态文明需要地方政府承担环境法律责任的共识。

首先，要以环境保护为构建地方政府环境责任制度的科学基础。在2014年《环境保护法》确立地方政府环境责任原则之前，我国地方政府对于环境保护的动力严重不足。2014年新修订的《环境保护法》确立了地方政府为辖区内的环境质量负责的原则，这是我国环境保护立法上的进步，但是，这一条款在现实环境保护中并未发生实效，此条款并未改变地方政府在履行环境保护上的惰性。这是由于“地方各级人民政府应当对本行政区域的环境质量负责”的表述过于原则化。这一条款只是在立法上提出了政府负有环境保护之责，但是对于如何保证强势政府履行这一责任，没有规定。我国现行的《环境保护法》中，责任的承担人主要是公民、法人等环境行为人，而鲜有政府。因此，只有明确地方政府为环境保护的法律责任主体，并且对这个责任主体设定不履行责任的不利后果的尺度和程序，才能真正确保地方各级政府切实履行环境保护的法律责任。并且，评价政府履行环境法律责任的科学依据应当是环境质量，尤其是那些可以客观观测或者量化的环境质量指标，如PM2.5含量和森林覆盖率等。

其次，为了保证地方政府严格遵守当地环境的客观条件，落实环境法律责任，就必须以环保目标为导向，建立行政首长负责制，将地方环境法律责任落实到具体人。从中央到地方，行政首长要切实履行环境保护第一责任人的义务，签订环境法律责任书，对行政首长负责辖区的环境保护进行全流程监督，以往对环境的监督主要是事后监督，要将事前和事中监督纳入全流程监督之中，加大对地方行政首长环境保护义务的考核，对经过考核之后评定为监督不力的地方政府人员，要及时进行约谈、通报和免职等问责。此外，需要建立以年度报告和届满报告为主的监督政府履行环境责任的监督程序。地方政府履行环境责任是国家法律规定的职责，而不是政府可以自由选择的事项,也不只是地方各级政府自己可以为与不为的地方事务,其理应受到同级国家权力机关的监督和上级行政机关的领导。

在构建监督地方政府履行环境法律责任监督程序时,可以在制度上进行三个方面的建构:其一,要加强权力机关对地方政府的监督,明确地方政府环境法律责任的要求。无论是依法规定的地方环境质量目标,还是地方政府自己设定的环境质量目标,都需要征求本级权力机关的同意,各地地方政府要在每年地方人大会议期间向同级人大进行年度环境责任实施报告或者每季度定期向人大常委会进行地方政府环境责任实施专项报告。其二,在地方政府每届任期届满之时,地方政府要向上级政府进行届满报告,以确保上级政府对下级政府在履行环保责任事务上的领导实现监督。其三,细化政府承担环境责任的具体责任形式。在法律上设定地方政府不履行环境责任的不利后果,强化地方政府履行环境责任的刚性约束力。[①] 在现有约谈通报免职的基础上,引入罢免制度,细化或者制度化地方政府承担履行环境责任的不利后果,如同级权力机关可以对连续两年不能完成环境质量目标或者履行环境法律责任不力的地方行政首长进行罢免。

再次,地方政府需要将环境保护的法律责任详细地细化与分配给自身的各个部门,并实现各个部门的通力合作,以最终确保地方政府对环境法律责任的履行。在地方政府中,直接承担起环境保护职责的机关是环保部门。当然除了环保部门之外,其他行政部门,如工业信息、农业、渔业、土地、交通等部门在其职权范围内都负有一定的环境保护之责。环境具有整体性,相应的环境保护治理也应统筹进行,而不是像行政部门划分那样分而治之。在环境保护实践中,环保部门与工业信息、农业、渔业、土地、交通等部门之间需要协同配合,这就要求作为直接负有环保职责的环保部门进行统筹规划,会同其他相关部门共同进行环境治理。这既是一种权力,更是一种职责。为了使环保部门担任得起这样的职责,就必须在法律上赋予其相应的权力,将环保部门的这种统领协同的职责予以法律化,让其行使这种统领协同的权力有法可依,让实现这种统领协同的责任有法可依。并且,为保证其他行政部门能够在环境保护上积极配合环保部门,就必须赋予环保部门在环保事项上的决定权,让其他行政部门在涉

---

① 参见王雅琪、张忠民:《现代环境治理体系中环境司法与行政执法协作机制的构建》,载《中国矿业大学学报(社会科学版)》2021 年第 3 期。

及环境保护事项时需要征询环保部门的意见。

最后,建设生态文明需要地方政府来承担环境法律责任,并不意味着环境法律责任只是涉及地方政府本身。在立法监督方面,立法机关要对政府履行环保责任进行专项监督,定期听取政府环保汇报,对执行环保职责不力的行政人员依法问责;对执行环保职责不力的政府机关或者行政负责人,监察机关要视其造成的危害后果,依法依纪进行问责,并将其涉及的违法犯罪事项移送司法机关;司法机关对涉及环境公益的诉讼进行审判时,凡涉及行政机关的诉讼,要独立、中立地裁判,对政府进行司法监督。除了立法、监察和司法监督外,还要重视社会监督在督促政府履行环境法律责任中的重要作用。环境关涉每个公民的切身利益,要确保强势政府能够履行环境法律责任,还需要调动广大群众参与到环境保护监督之中来。尤其要发挥社会媒体在监督政府履行环境法律责任中的作用。社会媒体与公众在社会监督中扮演着重要的作用。媒体对于环保事件的报道和曝光,不仅可以保证公民的环境知情权,还可以对行政机关形成强大的舆论监督,督促政府积极履行环境法律责任。

第二章　地方政府环境质量责任的基础概念

第一节　地方政府环境监管责任的责任思路

一、地方政府环境监管责任的责任思路概论

围绕地方政府的环境法律责任，法学界已然进行了多番而深入的研究。在理论蕴含这一层面，分析了地方政府环境法律责任独特的内涵特征与丰富的价值指涉；在法律主体这一层面，提出了以生态环境部门为核心的单中心模式应当向以政府各部门作为责任主体的多中心模式转变；在责任问责这一层面，反思了有效监督机制缺位与依法问责机制缺失等问题；在具体情景这一层面，描绘了生态保护红线中地方政府环境法律责任的实践样态等。[①] 但无论层次与视角如何转变，这些以地方政府环境法律责任为主题的研究都建立于一个确定的逻辑前提之上：地方政府环境法律责任的定义。简言之，什么是地方政府的环境法律责任？

诸多研究对这一定义采用了不尽相同的阐述方式：一些研究并未具体描述何为地方政府环境法律责任，但可通过文义将其直白地理解为“试图实现环境保护目标的地方政府法律责任”；还有一些研究则将之细化为环境政策规划、监管实施、促进公众参与等多方面的责任。[②] 这两类阐述方式并未产生认知上的混乱与争辩，是因为这两类阐述方式其实是对地方政府环境法律责任这一概念“总”与“分”的解读，而这种解读来源于《环境保护法》的体例设置：《环境保护法》总则第 6 条第 2 款规定“地方各级人民政府应当对本行政区域的环境质量负责”，就是要求地方政府承担其行政辖区内的环境法律责任，责任目标是提升区域内的环境质量；该法后续章节分别规定了地方政府具体的法律责任，期望地方政府通过落实这些具体责任来实现提升环境质量的最终责任目标。地方政府的环境法律责任是行政责任在环境保护法律关系中的转化，既然《环境保

① 参见吴越、唐薇：《政府环境责任的规则变迁及深层法律规制问题研究——基于新〈环境保护法〉和宪法保护的双重视角》，载《社会科学研究》2015 年第 2 期。

② 参见缪仲妮：《关于政府环境保护的法律责任》，载《山东社会科学》2009 年第 11 期。

护法》将地方政府的环境法律责任从责任目标与具体责任两个层面进行设置,那么其定义也可以同时涵盖或指代这两个层面。

如果以解释论的研究方法来探讨地方政府环境法律责任,那么《环境保护法》所设置的具体责任当然地在其中。然而,这仅是一种实然解读后的回答,若要对其进行应然探讨,则必须思考另一问题:这些具体责任必然能实现提升环境质量的责任目标吗?思考这一问题有着重要的意义,因为否定的回答可能对环境保护法律与环境保护法学产生巨大的影响。它可能意味着研究者在使用"地方政府环境法律责任"一词时,既指提升环境质量这一责任目标也指监督管理等具体责任的阐述方式是错误的;也可能意味着学者对《环境保护法》充满信心的预言"《环境保护法》所规定的有关规范和制约有关环境的地方政府行为的制度和措施必将有力地推动我国政府尤其是地方政府勤勉、积极履行环保职能,克服环保领域里的'政府失灵'"是过于乐观的;更可能意味着地方政府环境法律责任上的问题不仅缘于诸多研究中提出的主体单一、问责不力,更缘于《环境保护法》错误地设置了具体责任。

《环境保护法》为地方政府设置了哪些具体责任?1989 年的《环境保护法》总则第 6、7 条规定,环境保护的直接义务承担者是个人和单位,地方政府的角色是义务承担者的管理者,其责任是根据法律的规定监督和管理个人与单位切实履行环保义务。在后续的章节条款中,也基本围绕地方政府的环境监管责任进行法律设置。其中,有直接以地方政府为规制目标的条款(第 9、10 条等),要求地方政府以制定排污标准、实施监督管理行为等方式承担环境监管责任;也有以个体为规制目标的条款(第 24、25 条等),要求个体以法律设置的行为规范实施环境行为,实质是为地方政府监管设定了具体内容。2015 年开始实施的新《环境保护法》将总则中"对本辖区的环境保护工作实施统一监督管理"的表述改为"应当对本行政区域的环境质量负责",但在后续的章节中,依然大量见到要求地方政府承担环境监管责任的条款(第 16、24 条等),以及监管具体内容的条款(第 41、42 条等)。

不仅《环境保护法》曾因为地方政府设置环境监管责任而被视为一部"监管者监管之法"①,《水污染防治法》《海洋环境保护法》《野生动物保护法》等一系列环境保护类法律法规,也都将地方政府环境监管责任作为法律设置的重点。《水污染防治法》第 9 条第 1 款规定"县级以上人

① 参见吕忠梅:《监管环境监管者:立法缺失及制度构建》,载《法商研究》2009 年第 5 期。

民政府环境保护主管部门对水污染防治实施统一监督管理”，第三章规定了地方政府的环境监管责任并明确了监管内容，第四、五、六章规定了个人或单位的具体环保义务。《海洋环境保护法》第9条规定任何单位和个人都有保护海洋的义务，第4、5条规定不同层级的地方政府部门对全国海洋环境保护工作实施指导、协调和监督。《野生动物保护法》也规定野生动物保护义务的承担者为个人和组织，地方政府机构承担相应的监管职责。因此，在包括《环境保护法》在内的我国环境保护法律中，环境监管责任都是法律赋予地方政府的一项具体责任。

2014年《环境保护法》大修，虽然保留了大量有关地方政府环境监管责任的条款，但具体责任不再仅局限于环境监管责任。如第一章为地方政府设置了发展环保科技、加大环保投入、环保宣传教育等责任；第二、三章在环境监管责任之外增设了建立预警机制、限期达标、生态补偿等责任；第五章规定了地方政府构建环境信息公开与公众参与制度等责任。这些责任的内容不一而足，因而学者将之细化为风险预防、公众参与、协调分配等多类法律责任。但从责任的属性出发，大多数新增的具体责任可以被称为“行为责任”。因为无论这些责任的内容有何差别，其都是要求地方政府实施某项行为：公众参与责任要求地方政府公开环境信息、构建公众参与制度、设立公众参与平台；发展环境科技责任要求地方政府以资金或其他奖励方式推动环境科学技术的发展；环境教育责任要求地方政府在更广泛、更深入、更有效的层面上宣传环境知识、推行环保理念。所以，行为责任是《环境保护法》赋予地方政府的第二项具体责任。事实上，行为责任与环境监管责任是具有一致性的，环境监管责任也是要求地方政府实施某种监管行为，诸多行为责任往往是为环境监管责任提供支撑。鉴于环境监管责任的权重与传统，以及后续分析与讨论的便利，笔者将二者统一至环境监管责任进行下文分析。

我国环境保护法律要为实现人与自然和谐相处的生态文明建设提供制度贡献。生态文明的总要求是人与自然的和谐相处，而人与自然和谐相处的根本要求又是对个体的行为进行有效的规制。环境保护法律的制定和执行要服务于这个要求，所以现行环境保护法律遵循以下逻辑思路：先设定涉及环境法律行为的规则，一旦有人违反此行为规则，就要受到法律的惩罚。事实上，这种立法逻辑也是绝大部分部门法的立法逻辑。[①]

---

① 参见刘超、吕稣：《我国生态环境监管规范体系化之疏失与完善》，载《华侨大学学报（哲学社会科学版）》2021年第2期。

我国现行环境保护法律要应对的问题主要是这四类环境问题:第一类是污染;第二类是资源减少;第三类是生态破坏;第四类是环境退化。如果不讨论附则部分,绝大多数涉及环境的法律文本,无论是我国现行《环境保护法》,还是其他涉及环境的单行法律文本,其法律正文结构是两部分。第一部分是原则、规则,其作用是设定行为规则;第二部分是法律责任,即罚则,其作用是对违反第一部分规则的行为予以追究或者惩处。[①]这种规则加罚则立法模式的环境保护法律,其实施起来就离不开环境执法机关。我国现行环境保护法律中规定的环境执法部门主要可以分为三大类:第一类是行政类型的部门;第二类是管理环境保护的所谓相关部门;第三类是其他间接地承担起环境保护职责的部门。这三类可以被统一视为地方政府。在实践运行中,这样的环境保护法律在执法过程中,主要是由立法者、行政相对人(个体)和执法机关(地方政府)三者为主体构成的稳定组合关系,其中立法者设定环境法律规则,个体是环境法的遵守义务人,当个体出现违反环境法规则的时候,地方政府对其进行处罚,以保证环境保护法律有效率地运行。

在此之上,环境保护法律赋予地方政府的监管责任,就是要求地方政府为监督与管理个人和单位而负责。监管的直接目的是保证每个个人和单位都按照法律设置的规则去行为,监管的手段是对所有违反规则的个人和单位进行惩罚。个体承担义务,地方政府负责监管,通过个体的"不犯"来达到特定的法律目标,这是法律设立地方政府环境监管责任的初衷。地方政府作为法律规则的实际执行者与公众的实际控制者,处于承上启下的关键位置。理想状态是地方政府负责任地监管,督促义务承担者全面履行义务,产生较好的管理效果,从而达成或接近法律预设的目标。这是绝大多数部门法的运行逻辑,也是《环境保护法》与多数环境保护法学者对地方政府预想的责任思路。然而在环境法领域,看似合理的责任思路却未必能如预期般实现。

二、地方政府环境监管责任的内在缺陷

有两种评价方法可以判定地方政府是否负责任地监管:一是根据违法个体的惩罚概率来进行评价。这是当前较为普遍的对地方政府执法的评价方法,它的逻辑在于高概率的惩罚能给违法者带来足够的心理威慑,

① 参见张宝:《规制内涵变迁与现代环境法的演进》,载《中国人口·资源与环境》2020年第12期。

从而减少其违法的可能性。个体在考量违法成本时，一般是将惩罚成本（如罚金与刑期）乘以惩罚概率（违法被惩罚的可能性）。[①] 地方政府需确保绝大多数的违法行为受到惩罚，即违法必究，能有效地实现控制个体违法率的目的。在许多情况下，以惩罚率来考核地方政府是否负责是科学的。但是在环境行为监管中，给予违法者的惩罚成本往往不及违法带来的收益，即使提高惩罚概率到 100%，个体依然会倾向于选择环境违法。并且，原本用以规范环境行政处罚权、防止权力滥用的"一事不再罚"原则也可能对惩罚延续性的环境违法造成一定的阻碍。但对地方政府而言，考核指标是违法个体的受罚率，只需要保证绝大多数的违法个体受到惩罚即属于负责。最终结果往往是地方政府的负责程度越来越高，环境违法越罚越多，环境质量越来越差。

二是根据违法数量多少来进行考核。它的优势在于避免了上述地方政府与个体的恶性循环，要求地方政府为控制区域内的违法数量负责。然而这样的评价方法仍难以达到环境保护效果，环境质量的好坏并不直接取决于个体是否遵守了环境行为规则。以大气污染防治为例，《大气污染防治法》规定机动车必须按标准排放尾气，超标即违法。假设西藏与上海根据同样的排放标准进行大气环境监管，两地地方政府都能做到对所有机动车达标排放的"负责"，但两地的大气质量结果会截然不同。原因是两地机动车数量有天壤之别，这导致尾气排放的大气污染物总量悬殊。可见，无论何种考核方法都无法确保在地方政府负责任监管的情况下必然获得环境质量良好的结果。也就是说，《环境保护法》规定的地方政府环境监管责任，只能使地方政府对"实施监管"负责，而无法保障其对"环境质量"负责，监管行为与提升环境质量这一责任目标之间缺乏必然的因果联系。

如果说环境监管责任与提升环境质量的责任目标之间出现了偏差，那么上文提及的《环境保护法》为地方政府增设的行为责任能否纠正这一偏差呢？结论是行为责任同样存在这一偏差。相较于环境监管责任，行为责任最大的改变在于地方政府角色与定位的改变。地方政府原本只是执法者，监督、管理承担具体环保行为义务的单位和个人是否按照法律的要求实施环境行为。而在行为责任中，地方政府也同单位和个人一样，需要以具体的行为来承担环保责任，成为法律调控环境行为的直接对象。行为责任的内容是精准的——要求地方政府实施某种具体行为，衡量责

---

① 参见桑本谦：《法理学主题的经济学重述》，载《法商研究》2011 年第 2 期。

任履行与否的标准是地方政府是否从事了法律规定的行为，衡量责任履行好坏的标准是地方政府是否按要求全面完成了这项行为。因此，设置行为责任应该会对地方政府承担环境责任产生积极的作用。但是，产生积极作用并不意味着地方政府实施行为必然能提升环境质量，这是因为任何一项地方政府环保行为并不必然产生良好的环境结果。

以地方政府生态补偿责任为例，其内容是要求地方政府对因为环境保护而付出了发展机会成本的群体进行补偿，地方政府实施了资金转移支付给补偿对象的行为就代表地方政府履行了生态补偿责任。如果支付的资金是及时的，就可以评价地方政府责任履行程度为优秀。但优秀的履行，只能说明为环境保护而付出发展机会成本的群体及时地获得了经济补助，并不代表预想中的环保激励肯定良好地发生了。一方面，受补偿方损失的机会成本是难以计算的，资金补偿是否科学直接决定了受补偿方是否会继续放弃发展机会而选择环境保护；另一方面，补偿方往往也是既得利益方，可能会因为支付了补偿金而受到可随意挥霍环境资源的激励。但最终被支付方与支付方是否真正履行环境保护义务并不影响地方政府生态补偿责任执行的评价。①

再举一个行为责任与环境结果更具直接联系的例子。众所周知，植被覆盖率影响区域风沙程度与空气质量，通过造林提高植被覆盖率，进而增强抗风沙能力、提升空气质量，理论上来说是必然的，现实中却不尽然。法律规定了植树造林、防风固沙的行为责任，要求地方政府实施植树造林行为，评价履行责任与否以及好坏的标准是地方政府是否植树以及植了多少树。假设地方政府大量植树，即属于良好履行了义务，但若同时大量开垦土地，砍伐了更多的树木，区域植被率会不升反降。即使地方政府没有砍伐更多的树木，区域植被率因为植树行为而保持不变甚至上升，也并不意味着区域风沙程度与空气质量必然良好。因为种植的树木往往是单一品种的速生林，相较复合品种的原生林，其水土保持能力、抗灾能力、抗风沙能力、碳储量等都远远不如后者，并且原生林可以自我更新土地肥力，速生林却会导致土地肥力下降。所以同等数量甚至更多数量的速生林所产生的环境效果远远不如原生林，但最终的环境效果同样不影响对地方政府良好落实植树造林、防风固沙责任的评价。可见，虽然《环境保护法》为地方政府增设了不少行为责任，这也许能促使地方政府在环境保护领域做得更多，但它依然不能必然实现提升环境质量这一责任目标。

---

① 参见姜渊：《论生态补偿的理性定位》，载《理论与改革》2015 年第 4 期。

环境行为责任,只能让地方政府为“行为与否”负责,而不能保证地方政府为“环境质量”负责。

地方政府的环境监管责任,包括行为责任在内,之所以与提升环境质量这一责任目标出现了偏差,根本原因有以下两点:第一,环境法守法义务人不惧怕环境法中的罚则,不履行环境法规定的法律义务。这是因为在环境保护法律执行过程中存在一种怪象,即接受处罚的成本较低,由此导致地方政府环境监管责任的责任履行中,环境守法义务人主体偏离了预期的行为模式,甚至走向了相反的行为模式。[①] 第二,地方政府对环境法守法义务人进行选择性执法。在现行的行政管理体制中,地方政府既是执法部门,又是行政部门。所以在执法过程中,地方政府既要严格遵守环境法,又要对本级地方的社会发展与长治久安负责。在此背景下,有些地方政府在环境执法时会消极执法或者选择性执法,对那些违反环境法,但有利于促进当地经济发展的行为,往往“睁一只眼闭一只眼”,甚至是“大开绿灯”,致使环境法中的罚则丧失了应有的惩戒效果,助长了环境法行政相对人的不法行为。

之所以出现上述情况,其根本原因既不是环境法义务人选择非法行为,也不是地方政府的选择性执法,而是地方政府环境监管责任的责任思路是不科学的。无论是古代法律文本,还是现代法律文本,“规则”加“罚则”都是传统的立法模式。这种立法模式使地方政府法律责任关注于通过惩戒让行为个体不敢违反法律预设的行为规则。这种以义务为本位的法律在古代表现得尤为明显,如古代法家代表人物商鞅的“去奸”“去刑”,韩非子的“重一奸之罪而止境内之邪”。现行环境保护法律,也是通过“规则”加上“罚则”的立法模式来让环境义务人不敢触犯环境法,以达到行政相对人遵守环境规则的目标。也就是说,地方政府环境监管责任沿袭的仍旧是以惩处为手段让行为人“不犯”的责任思路。这也是大多数行政法律沿用的责任思路,即“行为人不违反”。这样的责任思路对很多行政领域是合适的,但对于环境保护法律而言,这样的责任思路就不再科学与合适了。如上文所述,通过处罚让行为人不犯,无论是义务人出于经济考虑而选择去违法,还是地方政府出于经济或政治考虑,庇护不遵守环境法的义务人,让罚则失效,都证明“规则”加“罚则”的环境保护法律,以惩罚个体违法行为为责任思路的地方政府环境监管责任,在现实中并不必然会实现提升环境质量这一预设的法律目标。

① 参见刘明明:《改革开放40年中国环境执法的发展》,载《江淮论坛》2018年第6期。

三、超越环境监管责任的新责任思路

以罚则让义务人不敢违反法律是常规的法律赋予地方政府法律责任的责任思路,但这在环境保护法律上是远远不够的。因此,为了满足生态文明建设的目标要求,地方政府环境监管责任以个体违法行为为直接规制目标的责任思路必须进行改变。而当前环境保护法律中的另一种责任思路——总量控制思路则有效地超越了环境监管责任的责任思路。环境监管责任的责任思路与总量控制这一思路的区别在于立法设计中直接规制目标的不同,总量控制思路在立法设计中的直接规制目标是某种可以量化的“总量”。只要控制好这个环境法律中的“总量”,那么环境保护法律也就实现了它的直接规制目标。事实上,以总量控制为思路的制度已经在我国环境保护法律中建立起来了。

《水污染防治法》设计的“污染物排放总量控制”这一制度就是以控制总量为思路的制度表现。按照这一制度,在规定区域内,不论水污染物排放者有多少,不论水污染物排放者排放的方式是什么,只要全部排放污染物的总量不超出限定的总量控制标准,那就达到了总量控制的直接规制目标。地方政府环境监管责任是通过罚则迫使义务人守法,实行以总量为直接规制目标的《水污染防治法》则不再关注单个义务人的行为,而是侧重于所有个体行为结果的总和。地方政府环境监管责任关注的是个体的行为结果,以总量控制为直接规制目标的《水污染防治法》关注的则是所有个体的总结果。这个总结果是事前已经确定或者依法规定的有关水环境的具体数额。

《森林法》规定国家对森林采伐实行“采伐限额”制度和采伐许可制度,也是延续总量控制思路。一方面,申请采伐许可证应当提交有关采伐的地点、林种、树种、面积、蓄积、方式、更新措施和林木权属等内容的材料;另一方面,年森林采伐限额由省、自治区、直辖市人民政府林业主管部门汇总、平衡,经本级人民政府审核后,报国务院批准。由此,《森林法》通过采伐限额和采伐许可制度,控制了采伐林木的总量与更新造林的总量,最终达到了保护森林的效果。因为采伐林木的个体或者单位,其从事采伐林木的活动,都要受到采伐限额这一总量控制制度的约束,而这个总量又以采伐许可中采伐林木和更新造林的面积、株数等可量化的标准得以实现。

《野生动物保护法》中也存在以总量控制为基本思路的环境保护制度,如《野生动物保护法》中的野生动物名录制度和保护区(国家公园)制度。野生动物名录制度就是通过调节个体狩猎等行为的“总量”以达到保护环境的目的。而这个总量控制是通过下列方式实现的:通过名录颁布一个严格的保护清单,向从事与野生动物有关行业的相关人员宣告一个总量控制的反向许可,即凡是与名单之外的野生动物有关的活动皆可从事,这样就实现了对野生动物总量的保护。野生动物自然保护区(国家公园)制度是《野生动物保护法》中规定的另一个总量控制思路的样例。同样,《野生动物保护法》对保护区与国家公园内行为的禁止,都是通过反向许可的方式,把人们行为的总量控制在自然保护区范围之外。

“全面规划”是我国历部《水土保持法》都在坚持的水土保持工作原则,它也是一种秉承总量控制思路的法律原则。《水土保持法》将“规划”作为第二章单独予以规定。在“规划”中,《水土保持法》追求的不是解决具体的水土流失问题,而是追求一种水土治理的总量控制。这种总量控制具体表现为将水土流失区域划定为“重点预防区和重点治理区”。针对这些重点区域,《水土保持法》第 13 条规定,水土保持规划要对“预防和治理水土流失、保护和合理利用水土资源”作出整体部署。由此可见,《水土保持法》对于环境治理中的水土保持问题,也是秉承着一种总量控制的解决思路。

上述四部法律中遵循总量控制思路的制度代表了三大类总量控制思路:第一类是完全以纯粹行政权力确定总量控制边界的总量控制思路。这种总量控制思路中的总量控制边界没有一个明确的客观标准作为支撑,而是任由相关部门发挥行政权力作为总量控制边界。例如,2017 年《海洋环境保护法》第 3 条第 2 款规定的“重点海域排污总量控制制度”。该条中的“重点海域”和“总量控制指标”是什么? 不论是在该条中,还是在该法中,都没有进行明确界定,只是给出了“具体办法由国务院制定”这个笼统的规定。没有确定具体总量边界的环境保护法律往往把这个界定总量边界的权力授予行政机关,这种由行政机关依照法定权力确定总量行为边界指标的方法,可以称之为“依权控制指标”的总量控制思路。

第二类是以某种自然要求确定总量控制边界的总量控制思路。这种总量控制思路中的总量控制边界往往是由某种自然数量或者限度作为总量控制边界。如《渔业法》中规定根据捕捞量低于渔业资源增长量的原则,确定总可捕捞量;《防沙治沙法》中规定根据产草量确定载畜总量。这些“渔业资源增长量”“产草量”都是以动物或者植物的自然生长周期为标准确立各自的控制总量。这种以某种自然要求或者标准确定总量控制边界的方法,可以称之为“依自然控制指标”的总量控制思路。

第三类是以某种法定标准确定总量控制边界的总量控制思路。这种类型的总量控制制度,确定总量的标准不再是自然标准或者要求,而是法定的标准。如《大气污染防治法》中规定重点大气污染物排放实行总量控制制度,而对于重点大气污染物排放的总量的确定标准,并不是根据自然限度,而是由国务院生态环境主管部门在征求国务院有关部门和各省、自治区、直辖市人民政府意见后,会同国务院经济综合主管部门报国务院批准并下达实施。对于如何确定标准,则是由国务院生态环境主管部门通过制定《大气污染物综合排放标准》确定。这种以法律或者行政法规规定的依据为标准确定总量控制边界标准的方法,可以称之为“依标准控制指标”的总量控制思路。

总量控制思路与地方政府环境监管的责任思路不同。地方政府环境监管的责任思路关注的是作为个体的自然人、法人的具体行为或者单个行为结果。而总量控制思路不再关注个体和个体的行为或者行为结果,而只是关注某一环境标准或者环境制度下无数个体行为的总结果。这些制度以污染排放总量和水土保持规划中的无数个体行动的总量或者总结果为直接规制目标,并且直接通过规制这些总量来达到环境保护的目的。不论是地方政府环境监管的责任思路,还是总量控制思路,两者关注的都是个体的行为及其结果。两者的区别主要有以下两点:第一,地方政府环境监管的责任思路偏向于对单个个体行为提出具体的规则或者要求,并且为了让个体服从这个规则,往往在法律中规定罚则,以保证环境保护法律的实施;而总量控制思路不再向个体提出具体的行为规则,而是让执行总量控制的地方政府来与个体打交道。第二,地方政府环境监管的责任思路考虑的是个体的单个行为结果;总量控制思路考虑的则是由无数单个个体行为汇总而成的总结果,这个总结果是按照提前给定的标准或者制度,由单个个体行为汇总而成的总和性结果。

相较于地方政府环境监管的责任思路,总量控制思路具有以下几点优势:首先,以总量控制为思路的环境保护法律有利于立法者在立法过程中对立法后环境法律的实施有明确的预判。立法既是对以往法律实践的提炼,也是对未来一定空间和时间范围内法律实践的预判和引导。法律贵在简约,而非烦琐。以总量控制为思路的环境法,立法者在立法设计时,按照总量控制与环境生态质量之间的关系,确定总量控制的数量或者区域等边界,这种明确的总量,使立法目标更加科学标准化,更加契合生态文明的量化标准。

其次，以总量控制为思路的环境保护法律有利于提高环境执法者执法的积极性。在地方政府履行环境监管责任时，地方政府关注的是单个环境义务人的行为，由于单个环境义务人数量众多，面对数量众多的义务人，地方政府执法难度很大，也容易受到其他因素干扰。所以，面对以总量控制为思路的环境保护法律时，地方政府不仅是环境法律的执行者，更是环境控制总量的责任者。以环境总量为原则，可以调动地方政府的执法积极性，让执法者不再囿于个体违法行为，而关注数量或者区域界定等可量化的环境总量。客观化的环境总量让地方政府不再选择性执法，为个体违法行为"大开绿灯"，也更加不易受到地方保护主义的干扰。

最后，以总量控制为思路的环境保护法律有利于减少环境义务人选择违法的机会。由于在环境法执法过程中存在接受处罚的成本较低的事实，出于经济理性人考虑，义务人多选择接受处罚，来追求经济利益。在以总量控制为思路的环境保护法律中，由于可量化的总量是要分摊至各个义务人的，义务人没有选择违法的机会；地方政府作为总量控制的责任者，也不会与义务人进行违法交易。因此，在以总量控制为思路的环境法中，义务人选择违法的机会将大大减少。

综上所述，相较于地方政府环境监管的责任思路，总量控制思路有效地解决了其中相当多的"原生"缺陷。通过对我国《水污染防治法》《野生动物保护法》《水土保持法》《森林法》中的相关规定分析可知，以总量控制为原则的环境法律制度在我国部分单行的环境法中已经确立。因此，总量控制思路是一种超越了环境监管责任的责任思路。

第二节　地方政府环境质量责任的责任形态

一、地方政府环境质量责任的逻辑形态

总量控制思路是超越了地方政府环境监管责任的责任思路，那么它是不是一种必然提升环境质量的思路呢？这就需要分情况进行讨论。总量控制思路可以分为三类："依权控制指标"的总量控制思路、"依自然控制指标"的总量控制思路和"依标准控制指标"的总量控制思路。其中，"依权控制指标"和"依标准控制指标"确立的总量控制思路不一定会达到提升环境质量的环保效果，甚至会造成相反的结果。无论是"依权控制指标"，还是"依标准控制指标"，虽然其有利于环境保护，但不必然提升环境质量。这是因为"依权控制指标"和"依标准控制指标"都建立在权力这一基础之上。行政机关划定这些指标时，可能会尊重科学标准或

者自然标准,但往往会在这些标准中加入其他行政或者经济标准,致使这种标准的制度效果极其不理想。例如,《水污染防治法》规定的“重点水污染物排放总量”的标准是“依权控制指标”。行政机关在划定这些总量边界标准时,若把急需治理的重点海域排除在划定的重点海域之外,那么这些海域就无法得到环保治理。[①]《土地管理法》中确定“建设用地总量”的边界标准有许多,根据其规定,除了环境保护的标准,在划定建设用地总量时,还要考虑国民经济和社会规划等,这样环境保护的立法目的就会遭到稀释,让位于经济发展,确定的“建设用地总量”,反而不利于土地生态环境的实际保护。《大气污染防治法》中“重点大气污染物排放”实行总量控制,其总量控制的边界指标有大气环境质量标准和国家经济、技术条件。那么行政部门在确定重点大气污染物排放总量之目标或者标准时,就会考虑当地经济发展或者当地技术条件,使分配给自己的大气污染物排放任务大打折扣。所以说,相较于地方政府环境监管责任,总量控制思路之上的目标责任有着较大的优势,在环境保护法律实践中产生了一定的、良好的环保效果。然而,由于确定总量控制制度中总量标准的差异,“依权控制指标”和“依标准控制指标”这样并非以环境保护考量为唯一标准的总量控制思路并不能必然实现提升环境质量的目的。

总量控制思路的优缺点为寻找到真正与提升环境质量这一目的必然契合的地方政府环境法律责任提供了思路。无论是“依权控制指标”的总量控制思路、“依自然控制指标”的总量控制思路还是“依标准控制指标”的总量控制思路,都要求地方政府为实现某一种总量控制目标而负责,因而在总量控制思路中地方政府承担的法律责任可以被称为目标责任,责任内容是实现总量控制目标。其责任内容并未强制政府采取何种行为,而是要求政府实现某种目标。类似的责任其实在环境保护法律中还偶有可见,如《环境保护法》第28条的“限期达标”制度,第29条的“生态保护红线”制度,都是赋予地方政府达成不同内容目标的法律责任,即目标责任。

目标责任是完全不同于环境监管责任、行为责任的地方政府环境法律责任,具有唯结果论与唯行为论的区别。负有目标责任,意味着无论地方政府在具体实践中付出了多少努力,评价地方政府是否负责的唯一标准都只能是结果是否实现。目标责任不着眼于地方政府是否实施或如何

---

① 参见姜渊:《探寻与建构中央和地方同时“在场”的环境质量目标制度——以环保督察常态化之争为切入点》,载《政法论丛》2021年第2期。

实施保护环境的具体行为，只要最终目标达成了，就判定地方政府负起了法律赋予的责任。如果法律设置的目标责任内容完全基于环境保护的考量，那么目标责任与提升环境质量之间就具有了必然的因果联系。

然而正如总量控制思路中"依权控制指标"和"依标准控制指标"确立的总量控制思路一样，现有的地方政府目标责任中的内容，并不是纯粹建立在环境保护考量之上的，往往需要同时考虑经济发展、社会发展等多方面因素。《环境保护法》中政府的"限期达标""生态保护红线"责任，虽然表现形式为以环境质量为目标，但它们并不是完全按环境整体利益设定的目标。以重点海域限期达标责任为例，《环境保护法》要求"未达到国家环境质量标准的重点区域、流域的有关地方人民政府，应当制定限期达标规划，并采取措施按期达标"，《海洋环境保护法》设置"重点海域"，是为了解决海洋环境保护优先次序的问题，起因是某些海域的污染实在到了严峻的地步。然而在实际操作中，首先考虑的是重点海域的经济重要性，即重点海域一般是经济、社会发展中具有重要作用的海域，然后才是污染严重需要重点治理的海域。以此思路确定的海洋环境治理的"重点海域"，很可能不是污染亟须治理的海域，即使政府实现重点海域限期达标的目标责任，也并不能确保海域环境质量的整体提升。再以土地生态保护红线责任为例，生态保护红线的划定被要求纳入土地利用总体规划中，但土地利用总体规划的首要依据是"国民经济和社会发展规划"，然后才是"国土整治和资源环境保护的要求、土地供给能力"，最后还需要考虑"各项建设对土地的需求"。土地利用总体规划中的生态保护红线，不是完全依据资源供给能力和土地环境保护的需要而划定的红线，在此基础上确定的政府的土地生态保护红线责任，并不能必然确保土地环境质量的提升。

在不纯粹依照环境保护考量设置的目标责任中，环境保护考量因素面对其他考量因素时往往处于天然的弱势。环境污染与治理具有广域性和区域影响的特点，在区域内的环保付出未必能得到立竿见影的环保效果，在政绩考核上不具有效率优势。在现有的政府责任设计下，放任企业的污染行为，然后再对其实施惩罚，能同时满足地方政府与企业的需要。企业以支付罚金等方式换取高额收益，地方政府以大量罚款和赋税收入获得良好的环境政绩与经济政绩评价。有些地方政府在环境行为中出现的"权力寻租"，真正的推动者并不是地方政府或污染企业，而是这些包含着多重考量的责任设计本身。

因此，环境保护法律为地方政府设置的目标责任，能否必然实现提升环境质量这一责任目标,取决于其内容是否完全依据环境保护的需要考量。《环境保护法》及相关法律设定的政府目标责任并未将环境保护需求作为首要考量因素,这导致目标责任与责任目标仍然存在偏差。然而,相较于环境监管责任与行为责任,目标责任模式为寻找真正与提升环境质量这一责任目标完全契合的具体责任提供了正确的路径。如何依据环境保护的需要考量,从而使目标责任这一具体责任必然能实现提升环境质量的责任目标呢?提升环境质量意味着需要对环境质量进行评价。在评价环境质量时,需要根据环境因子本身的自然属性,参照人类对活动对象的不同需求,将抽象的环境需求通过具体的质量指标进行表述,制定一系列的环境质量标准。然后就特定的环境因子对照相应的环境质量标准,判定其质量优劣。早期的环境质量指标以评价本不该出现在环境中的污染物的水平为内容,如英国皇家污水处理委员会于1912年制定的河水环境质量标准,规定了BOD5、悬浮物等污染物浓度限值。后来发展为主要评价环境中对人体有害的物质的水平,这些有害物质是人类在生产生活中不可避免要产生的污染物,其浓度限值是现有科学技术条件下寻求的人类发展需求与环境承载能力的平衡点。以指标形式表示的环境质量标准是一种客观标准,它既不是对环境因子自然属性的简单归纳,也不是排除一切价值判断的纯技术性产物,而是人类根据自身生存发展需要针对特定环境因子内在特征确立的价值判断标准。它既是衡量环境质量优劣的标准,也是人类环境保护需求的技术基础。所以,环境保护的需要与提升环境质量这两种表述统一于环境质量标准这一载体之上。必然能实现提升环境质量责任目标的法律责任应当是以环境质量标准形式表现出来的目标责任。国家需要从协调社会经济、文化活动与环保的关系,促进人类社会与生态环境和谐稳定的大局出发,用法律的形式将科学的环境质量标准确立为政府必须实现的目标,进而要求政府为达成环境质量目标负责,即环境质量责任。

环境质量责任是政府真正应当承担的环境法律责任,可以最终解决《环境保护法》设置的具体责任与提升环境质量责任目标不一致的问题。环境质量责任的核心在于必须以环境质量标准来要求地方政府达到环境保护的目标。但是,在我国现有的环境保护法律体系中,环境质量标准仅发挥了其评价环境质量状况的技术功能,更为重要的目标责任功能却在一定程度上被忽视了。有些学者认为,环境质量标准的"法律性质和众多的行政计划一样,至多只不过是表示行政努力目标的一个指标,并不具有作为直接规定国民具体权利义务的法规性质”①。这其实是将环境质量标准视为一种技术性文件和行政部门环境执法的工具。行政部门参考环境质量标准,为个体制定行为标准,并将之作为政府监管、处罚个人和单位的依据。如此的法律定位使环境质量标准在实践中沦为个体行为判别标准,而不是真正意义上的环境质量标准。并且,我国现行的环境质量标准,是在环境基准基础上,结合社会所需、所能,综合评估判断的结果,是客观性与主观性的叠加。环境质量标准作为体现国家和权威机构意志的技术指标,在统一权衡各种因素的基础上作出决策,具有一定的主观性本无可厚非,然而这种主观性不应当超越环境基准的客观性。环境质量标准应当以环境基准为“底线”,其限值应严于基准,而不能宽于基准、突破“底线”。标准离“底线”越远,环境保护强度就越大,环境安全系数就越高。因此,环境质量标准的主观性应当表现为环境质量标准与“底线”之间的安全距离,国家经济越发达、社会发展程度越高,其环境质量标准应越严格。作为发展中国家,我国的环境质量标准离环境基准的安全距离比较小是可以理解的。然而有些环境质量标准却由于某些外在原因,突破了环境基准,或因缺乏系统的环境基准研究数据,仅根据人为意志或经验来设立环境质量标准,这样的环境质量标准就不具备完整的科学性。

环境质量责任以环境质量标准为核心,这意味着环境质量标准需要为该责任提供充足的支撑。支撑体现在以下两个方面:一方面,必须提升环境质量标准的法律地位,以科学的环境质量标准为基础,为政府设置具体的环境质量责任。必须明确,环境质量标准不仅是评价环境质量的技术性文件和政府的环境行政工具,更是法律为政府设定的具有强制执行力的环境责任表。政府承担环境质量责任,其角色由执法监管主体转变为环境义务主体,这就迫使政府为在规定时间达成辖区内的环境质量目标而负责。作为责任、义务的承担者,政府可以就完成环境质量责任,享有在辖区内独立行使法律允许的环境行政权力,可以设置严于国家法律规定的环境质量标准或个体环境行为标准,可以根据辖区内的客观环境与社会状况有条件地选择适应自身的环境执法手段或环境保护措施。简单地说,国家对地方政府在法律允许的范围内的环境活动“只认结果不论行为”,以确保环境质量责任的权威性和高效率。但如果政府没有实现某一环境质量目标,就属于失职,必须受到法律的惩处。

另一方面,作为设置环境质量责任的核心内容,环境质量标准的科学

① [日]原田尚彦:《环境法》,于敏译,法律出版社1999年版,第176页。

性是其有效性和权威性的基础条件。除了自身的科技含量之外,法律在整个标准体系建设、运行过程中提供程序规范和制度支撑是保证其科学性的重要手段。没有法律的规范,环境质量标准体系建设和运行极易受各种主、客观因素干扰,导致其丧失科学性。将不具科学性的环境质量标准作为政府环境质量责任的依据,在法律实践中就会偏离环境保护的目标。《环境保护法》应在贯彻环境质量责任思路的同时,在遵循客观环境质量状况及其变化规律的原则下,综合考虑保护生态环境和人类生存发展的需要,探索出科学的环境质量标准构建路径。我国不仅要逐步完善空气、土壤、水体等一系列急需的环境质量标准,也要重视资源保护、生态保护、环境退化防治等领域的环境质量标准研究、建设。一旦条件具备,就可以将这些标准固化成具有强制执行力的政府环境质量责任。环境行政管理部门应当根据法律实践的需要,提供完善的环境质量评价方法,加快环境监测标准、环境监测技术规范、环境监测设备标准等的制定工作,加强对环境监测实践的指导、监督和规范,使环境质量评价结果符合客观实际,以完善的环境质量评价方法助推政府履行环境质量责任。

二、地方政府环境质量责任的保护属性

随着“生态文明”逐渐上升为我们党和国家的建设目标,“生态文明”不仅是对个体提出的文明要求,也是对地方政府提出的文明要求,其具体内容以环境保护为核心。2018 年,“生态文明”被正式以宪法修正案的形式写入《宪法》序言。除了《宪法》,《环境保护法》为我国建设生态文明提供了基本性的部门法保障,而《环境保护法》的实施同样围绕政府实施各类环境保护进行。2014 年修订的《环境保护法》规定,“地方各级人民政府应当对本行政区域的环境质量负责”,这是地方政府环境质量责任在《环境保护法》中的表述,也是《环境保护法》将地方政府的法律责任与环境保护作了最为紧密的衔接。地方政府环境质量责任也因此与《宪法》有关环境保护的内容有机地结合起来了。

我国《宪法》正文中关于环境保护的条文主要有第 9 条第 2 款和第 26 条,分别为:“国家保障自然资源的合理利用,保护珍贵的动物和植物。禁止任何组织或者个人用任何手段侵占或者破坏自然资源”;“国家保护和改善生活环境和生态环境,防治污染和其他公害。国家组织和鼓励植树造林,保护林木”。从上述两条款中,我们可以总结出我国环境保护的三个重要方面:第一,保障合理利用自然资源;第二,保护珍贵的动植物;第三,改善和保护生态环境。而上述三个方面也对应三大领域:第一,防

止污染;第二,防止资源损害;第三,防止生态损害。这三个领域用相对直白的表述来说就是:国家要对生态环境保护极其重视。《宪法》是国家意志的最高宣示。然而,从正文中我们也可以看到,第 9 条第 2 款和第 26 条的内容仅是对保护环境的国家宣示,只是彰显了国家保护环境的决心和指引国家未来的前进方向。针对环境保护问题,这些保护环境的《宪法》表述中,既没有对具体的国家行政机关授予权力,又没有对具体的行政机关施加具体的义务;既没有对公民、事业单位或其他社会团体赋予权利来保护环境,也没有对这些权利主体施加具体的义务。作为治国安邦的总纲领,《宪法》只能对国家最根本的制度作出原则性的规定。而这些基本制度和原则,既需要国家机构来具体落实,也需要通过部门法律来对这些基本制度和原则予以明确或者细化。对国家机构来说,保护环境的这种宣示或者使命,事实上是需要地方各级政府的具体作为来予以落实的。因此,地方各级政府都负有"防止污染和其他公害、防止资源损害和防止生态环境损害"的职责。这种职责虽然在《宪法》中没有明文规定,但隐藏于文本之中。

《环境保护法》对地方政府需要对环境质量负责的规定就是将这种原则性规定予以明确的,即"地方各级人民政府应当对本行政区域的环境质量负责"。地方政府的环境质量责任是地方各级政府的环境保护职责的统称,其具体内涵包括提升污染防治效果、提升资源损害防治效果和提升生态损害防治效果三大方面。梳理《环境保护法》的体例与设置,可以看到这部法律在多个条文中规定了地方政府在上述三个方面的环境质量负责任。例如,《环境保护法》第 4 条第 2 款规定:"国家采取有利于节约和循环利用资源、保护和改善环境、促进人与自然和谐的经济、技术政策和措施,使经济社会发展与环境保护相协调";第 7 条规定:"国家支持环境保护科学技术研究、开发和应用,鼓励环境保护产业发展,促进环境保护信息化建设,提高环境保护科学技术水平。"这些对各地地方政府施加的责任都是一种保护性责任。

旧的环境保护部门法很早就作了类似保护性的宣告。早在 1991 年的《水土保持法》第 5 条中就对各级政府的环境治理责任中水土流失防治工作作出了具体规定:"国务院和地方人民政府应当将水土保持工作列为重要职责,采取措施做好水土流失防治工作。"1991 年的《水土保持法》对政府履行保护环境责任时应当承担的具体责任也予以了明确规定,如第 7 条第 1 款规定:"县级以上地方人民政府批准的水土保持规划,须报上一级人民政府水行政主管部门备案";第 14 条第 4 款规定:"本法施行前已在禁止开垦的陡坡地上开垦种植农作物的,应当在建设基本农田的基础上,根据实际情况,逐步退耕,植树种草,恢复植被,或者修建梯田";第20条第1款规定:"各级地方人民政府应当采取措施,加强对采矿、取土、挖砂、采石等生产活动的管理,防止水土流失。在崩塌滑坡危险区和泥石流易发区禁止取土、挖砂、采石。崩塌滑坡危险区和泥石流易发区的范围,由县级以上地方人民政府划定并公告"。2000年修订的《大气污染防治法》也对地方政府环境质量责任予以了明确化的规定,如第3条第2款规定:"地方各级人民政府对本辖区的大气环境质量负责,制定规划,采取措施,使本辖区的大气环境质量达到规定的标准。"

新的环境保护部门法也都将《宪法》中保护环境的国家意志进行了明确。例如,《清洁生产促进法》第4条规定:"国家鼓励和促进清洁生产。国务院和县级以上地方人民政府,应当将清洁生产促进工作纳入国民经济和社会发展规划、年度计划以及环境保护、资源利用、产业发展、区域开发等规划。"《循环经济促进法》第6条规定:"国家制定产业政策,应当符合发展循环经济的要求。县级以上人民政府编制国民经济和社会发展规划及年度计划,县级以上人民政府有关部门编制环境保护、科学技术等规划,应当包括发展循环经济的内容。"第8条规定:"县级以上人民政府应当建立发展循环经济的目标责任制,采取规划、财政、投资、政府采购等措施,促进循环经济发展。"由此可知,不论是《清洁生产促进法》,还是《循环经济促进法》,都对政府提出了保护性的环境质量责任,如《清洁生产促进法》中的"鼓励和促进清洁生产",《循环经济促进法》中的"建立发展循环经济的目标责任制"。这两部环境保护法律还对这些政府环境治理责任进行了更加明确的规定,为政府履行保护环境职责规定了保障措施,如《清洁生产促进法》规定,各级人民政府在制定国民经济和社会发展计划以及环境保护、资源利用、产业发展、区域开发等规划时,应当将清洁生产纳入其中;而《循环经济促进法》则规定县级以上人民政府编制社会发展和国民经济规划、年度计划,县级以上人民政府有关部门编制环境保护、科学技术规划。从这两部法中,我们可以看出,环境保护法律对《宪法》中保护环境的国家使命予以了客观法律化,并且对地方政府的环境质量责任提出了明确的要求。

无论是像《环境保护法》这样综合型的环境保护法律,还是像《水土保持法》这种聚焦单一环境类问题的专业环境保护法律,都对地方各级政府的环境质量责任予以了清楚展示——从不同方面保护环境。这种部门法上的规定,是《宪法》中关于环境保护国家宣示的部门法律化,也是对地方各级政府环境质量责任的明确阐释。它们清楚地说明，地方政府环境质量责任的法律属性是保护性。保护性的环境质量责任类似于《宪法》上的积极责任。《宪法》是治国安邦的总纲领，谋划了国家未来发展的重要事业。把保护环境写入《宪法》，成为基本国策，是因为保护环境，建设生态文明，也是我国未来发展的重要事业。事实上，在我国《宪法》中还规定了许多诸如此类的事业，如第19条中的“国家发展社会主义的教育事业”，第20条中的“国家发展自然科学和社会科学事业”等。这些《宪法》中的事业与环境保护一样，都是需要地方政府的积极作为，不断进行建设的事业。这些事业不是仅制定几条法律行为规范，或者设定法律惩处规则，依靠对违法者进行法律惩处就可以成就的事业，这些事业也不是地方政府仅依靠监管责任就可以实现的。因此不论是社会主义的教育事业、自然科学事业、社会科学事业，还是建设生态文明、完成环境保护的伟大事业，都是需要各级政府长期性及创造性的工作才能完成的。这些事业都是前无古人的事业，没有先例可以遵循，要想完成这些事业，需要各级政府长期有组织地建设，不再是简单地遵循这些法律，而是要把这些法律规定的事业积极地从蓝图转变为实践。我国学者指出，上述事业给予地方政府的宪法责任与违宪责任是有区别的，其中宪法责任是《宪法》中的国家机关或者机构实施《宪法》与法律的责任，是一种主动作为的“积极责任”。① 以此标准观之，《宪法》中关于保护环境的责任的规定就是赋予政府环保职责的宪法责任，因为地方政府环境质量责任就是“遵守宪法设计的程序以符合人权保障的价值取向”。地方政府环境质量责任的基本内容就是地方政府要遵循宪法程序，以人权保障为原则，积极地行使宪法所赋予的保护环境的权力，维护和提高本行政区域内的环境质量，因此地方政府环境质量责任是一种积极的保护性责任。

三、地方政府环境质量责任的建设属性

除了保护属性以外，地方政府环境质量责任的另一法律属性应当是建设性。相较于保护性在法律文本中较为清楚的展示，地方政府环境质量责任的建设性往往被学界所忽视。地方政府环境质量责任是一种地方政府的环境法律责任，而关于地方政府的环境法律责任的研究，大多聚焦于追责或者问责，持此类观点的学者可以被称为问责论者。问责论者对于区域限批、超级处罚和行政处分及引咎辞职大加赞赏，而对新修订的

---

① 参见姚国建：《违宪责任论》，知识产权出版社2006年版，第26～27页。

《环境保护法》依旧沿袭只监督企业，不直接监督政府的状态则给予了较低的评价。[①] 问责论者倾向于追求对政府的直接环境问责，以此来加大对政府环境质量责任的约束，例如强化对各级政府首长的环境业绩考核问责。问责论者认为只有当地方政府环境质量责任形式可以被惩罚时，地方环境质量责任才能对地方政府产生震慑力。在问责论者看来，环境质量责任是一种法律后果，并且是一种否定性法律后果。只有对环境质量责任的责任主体进行严厉的法律惩处的法律创制，才能对提高环境质量具有立竿见影的效果。问责论者认为《环境保护法》第 67 ~ 69 条等中关于环境保护问责的相关规定是环境保护法律对地方政府环境质量责任最重要的规定，并且还认为这些规定应该与《党政领导干部生态环境损害责任追究办法（试行）》相衔接，从而加大对地方政府环境保护主体的问责力度。[②]

《环境保护法》关于违反环境法相关法律责任的规定，包含各种惩罚性的法律处罚规定。《党政领导干部生态环境损害责任追究办法（试行）》第 5 ~ 7 条中规定了违反生态环境损害责任的 17 项追责事由。这 17 项追责事由大致可以分为两大类：第一类是违法或者违反规划、功能区划而要追责的事由。如不顾自然环境承载力，违反主体功能定位或者突破自然环境生态保护红线和开发边界，盲目决策造成破坏生态环境的严重后果；在建设项目审批、建设或者投产使用方面，指示、授意或者放任分管部门对不符合自然环境功能区定位，或者违反生态自然资源政策和法律法规的项目予以审批立项；制定与生态环境和资源方面政策、法律法规相违背的规定或者措施。第二类是因执行法律、指示和司法判决不力，推进保护环境不力而要追责的事由。如在落实中共中央关于生态文明建设的决策部署方面，贯彻不力，导致任期内本地区生态环境问题突出或者明显恶化；地区主要领导成员之间、地区和部门之间在生态环境和资源保护协作方面推诿扯皮，不担当、不作为，造成严重后果。与《环境保护法》关于违反环境法相关法律责任的规定一样，《党政领导干部生态环境损害责任追究办法（试行）》规定的相关责任也是消极的惩罚性责任。

上述消极的惩罚性责任并不匹配地方政府环境质量责任的“积极的保护性责任”。将法律责任认定为消极责任，是传统的立法模式。在这种立法模式中，法律责任是消极责任，任何违反这个消极责任的人都会受

---

① 参见葛察忠：《环保督查制度：推动建立督政问责监管体系》，载《环境保护》2016 年第 7 期。

② 参见马波：《论政府环境责任法制化的实现路径》，载《法学评论》2016 年第 2 期。

到法律的惩罚，以此来达到让环保主体不敢触犯环境法的结果，但绝对不会产生“积极责任”所能创造的保护环境的效果。① 因此，按照消极责任认定的实施，这样的法律结果只能是导致环境违法责任得到了落实，即触犯环境法的环境主体，往往是个体受到了法律追究，但这并不能带来环境质量的提升，也并不等于地方政府履行了环境质量责任。

《环境保护法》第 27 条规定，县级以上人民政府应当每年向本级人大或者人大常委会报告环境保护目标完成情况。问责论者据此认为，此条是地方政府环境质量责任问责的重要环节，这是因为他们将我国行政机关和权力机关的关系类比为西方议会与政府之间的关系。② 西方立法与行政之间是权力制衡的关系，立法机关可以弹劾行政机关，我国国家机关之间的关系，绝不等同于西方的权力制衡关系。这是由我国人民代表大会制度所决定的。根据我国《宪法》和相关组织法的规定，我国人大既是立法机关更是最高权力机关。一切国家机关都是由人大选举出来的，都要受到它的监督。人大及其常委会对其他国家机关的监督，体现在方方面面，其中当然包括对行政机关保护环境的监督。《环境保护法》第 27 条的规定，绝不只是权力机关对行政机关的监督那么简单。《环境保护法》第 27 条体现了权力机关对行政机关的监督。

1989 年的《环境保护法》第 4 条规定，制定国民经济和社会发展计划时，必须将国家制定的环境保护规划纳入其中。根据我国现实中国家政权机关的运行惯例，制定与批准环境保护规划的主体是中央权力机关。2014 年修订的《环境保护法》将原第 4 条规定修改为“县级以上人民政府应当将环境保护工作纳入国民经济和社会发展规划”。由此可以看出，相较修订之前，修订后的《环境保护法》把“将国家制定的环境保护规划纳入国民经济和社会发展计划”的责任主体从中央权力机关扩充为中央到地方各级权力机关与行政机关，地方政府也被纳入其中。这就意味着中央权力机关在制定国民经济和社会发展规划的过程中必须就环境保护问题与地方政府进行讨论、协商。《环境保护法》第 27 条的规定只不过是强化了地方政府与权力机关一起讨论、部署环境保护工作的制度。因此问责论者将《环境保护法》第 27 条认定为地方权力机关对地方政府的监督问责，人为地将地方权力机关和地方政府在保护环境问题上的沟通

---

① 参见李挚萍：《论以环境质量改善为核心的环境法制转型》，载《重庆大学学报（社会科学版）》2017 年第 2 期。

② 参见司林波、裴索亚：《跨行政区生态环境协同治理绩效问责模式及实践情境——基于国内外典型案例的分析》，载《北京行政学院学报》2021 年第 3 期。

协作机制切割开,实际上曲解了在地方环境责任中地方与国家机关之间一体两面的关系,没有看到地方权力机关其实是代表中央权力机关在与地方政府进行沟通与协商,并非事后对地方政府进行问责与惩罚。

地方政府环境质量责任并不是问责论者认为的可以产生惩罚后果的责任。积极的保护性责任代表地方政府环境质量责任应该是建设性地朝一个方向努力的责任,即地方政府环境质量责任具有建设性,是需要地方政府积极作为的建设性责任。根据权责统一的原则,建设性责任的内涵是建设性权力的赋予与发挥。建设性权力是与履行建设性责任相匹配的。《宪法》中规定政府要建设教育事业、医疗卫生事业和体育事业,这既是《宪法》施加给各级政府的职责与义务,也赋予了各级政府推进这些事业相应的权力。同理,《宪法》在对各级政府提出保护环境、建设生态文明伟大事业的要求时,也同样赋予了各级政府推进这项事业所相应的权力。例如,1991 年《水土保持法》中有 9 个“政府应当”的表述,即《水土保持法》向政府施加的环境责任总共有 9 个,与此同时,该法还设置了多个“除政府外的其他主体应当为或不为”的条款,比如第 14 条第 1 款规定,禁止生产经营者在“二十五度以上陡坡地开垦种植农作物”。这些禁止生产经营者进行某项行为的条款,实际上就赋予了各级政府针对生产经营者违反《水土保持法》的管理权力。如果没有授予地方政府对生产经营者违反《水土保持法》的禁止性规定予以管理的权力,那么政府就无法履行上述 9 个包含“政府应当”的条款,也就无法履行保护环境的地方政府环境质量责任。

地方政府环境质量责任的建设性体现在诸如 1991 年《水土保持法》之类的环境保护法律大量授予政府权力的条款之中。如《环境保护法》第 24 条规定,县级以上人民政府环境保护主管部门有权对违反法律规范排放污染物的单位或者企业进行现场检查。受县级以上环境保护主管部门委托的环境监察机构或者其他有环境保护监督管理职责的部门,同样有此现场检查权。这条规定事实上就授予了地方政府现场检查之权力。《野生动物保护法》第 12 条第 2 款中授予省级以上政府划定自然保护区之权力;《渔业法》第 22、30 条授予国务院渔业行政主管部门划定捕捞限额、划定禁渔区、确定禁渔期之权力;《渔业法》第 28 条授予渔业行政主管部门收取渔业资源增殖保护费之权。也只有各级政府中的渔业行政主管部门有了这样的权力,它们才能够完成《渔业法》第 1 条中规定的“加强渔业资源的保护、增殖开发和合理利用”等环境质量责任。只有地方政府有了这样的权力,它们才能够完成《野生动物保护法》中提出的“保护野生动物，拯救珍贵、濒危野生动物”的国家使命。

地方政府环境质量责任的建设性的另一重要体现在于《立法法》已经将部分立法权限“下放”到地方。《立法法》第81条、93条，将制定地方性法规、地方性规章的权力授予经济特区所在地的市、国务院已经批准的较大的市、设区的市、自治州、省级政府和省级人大常委会。虽然《立法法》中对于地方立法权的事项进行了部分限制，但涉及环境保护类的事项，不在此限。由此可以看出，国家已经在立法层面将环境保护的权力授予了地方。有学者将2015年《立法法》修正中关于地方立法权限“下放”的情况，解释为府际关系中上下级之间的“分权”。然而仅就环境保护维度来说，《立法法》中将涉及环境类立法权“下放”的情况，与《环境保护法》中给地方政府添加环境质量责任，其实就是权责统一关系的一体两面：一方面要让地方政府担负起环境质量的建设性责任，另一方面为了让政府更好地履行这一责任，授予地方政府制定涉及环境类的地方性法规或者政府规章的权力。保护环境是《宪法》中明确的国家使命，也是我国的基本国策。为了实现这个国家使命和基本国策，地方政府就要履行积极作为的义务。对国家机关来说，添加责任也就意味着同时要授予其权力。而《立法法》和《环境保护法》就是对保护环境这一国家使命在这两个维度的完美阐释。为了贯彻《宪法》中保护环境的国家使命，《立法法》将涉及环境保护类的立法权下放至地方，就是让地方政府有权力来积极推进保护环境的建设性责任。只有这两者相统一，地方政府才能肩负起地方环境质量责任，保证《宪法》中保护环境的国家使命的实现。只有责任，没有权力，在完成保护环境的建设性事业中，地方政府只能陷入出师无名的境地；而只有权力，没有责任，只能导致地方政府没有推进保护环境的动力，最终导致权力的变异。

第三章　地方政府环境质量责任的履行保障

第一节　地方政府履行环境质量责任的保障内核

一、惩罚威慑导向的消极责任保障

无论是地方政府的行政责任，还是地方政府的法律责任，都被传统研究解释为积极责任与消极责任的结合。积极责任指的是地方政府需要积极地去完成与其角色相适应的分内之事，是对地方政府某一方面的行为预期；消极责任指的是地方政府未能完成分内之事后需要接受的惩罚，是对地方政府失责后的惩戒与威慑。为了实现某一情境下的治理目标，地方政府的行政责任也可以依此被拆分为相应的积极责任与消极责任：按照设定期限与设定方式保质保量地完成中央发布的具体目标；在任一方面未能完成预期目标后受到中央的政治惩罚。而在环境治理情境下，地方政府承担的积极责任表现为如期将某一种环境质量提升到预设的目标，或是如期将某一类污染物的排放总量控制到预设的目标量。消极责任表现为未能完成目标后遭受的惩罚，包括领导约谈、人员任免、通报批评与区域限批等。通过对这两类责任的释义可以发现，消极责任并不是对责任本身内容的概括，而是对责任履行的一种保障，通过消极性质的惩罚威慑地方政府来履行责任，所以消极责任更应该被称为消极式保障。但为了与积极责任相对应，下文仍然将之称为消极责任。

在传统治理中，地方政府的法律责任亦被解释为积极责任与消极责任，行政法律体系中的各类特殊行政法赋予了地方政府不同内容的积极责任，要求地方政府在不同领域内合理地行使行政权力，科学地进行行政治理。行政法律赋予的积极责任并不是一种笼统抽象的“善治”概念，而是以地方政府行政行为的执行为核心，涵盖执行行政行为的全部流程，包括对上级命令的理解与把握、行政行为作出前的程序、行政行为执行对法律规范的遵守、行政行为执行时的价值取舍、行政行为执行后的社会评价等。[①] 同时,各类一般行政法与特殊行政法中的法律责任章节赋予了地方政府消极责任,包括针对行政人员的谈话提醒、批评教育、责令检查、诫勉、组织调整、处分等,也包括针对地方政府的确认行政行为无效、变更行政行为、重新作出行政行为、履行职责、履行给付、赔偿等。由此可见,传统治理中地方政府的法律责任是以行政行为为核心的积极责任与消极责任。在环境治理情境中,秉承积极责任与消极责任的二分思路,有学者早早地总结归纳出了地方政府的环境法律责任:第一性的环境法律责任(积极责任),包括地方政府监管个体环境行为、惩罚个体不法行为、进行环境监测、鼓励环保技术等;第二性的环境法律责任(消极责任),包括对权力寻租、渎职的行政人员进行惩处,对错误行政行为进行纠正与救济等。

从责任的归属上说,地方政府的环境质量责任亦属于地方政府环境法律责任中的一种,与传统环境法律责任最大的区别在于责任履行方式上的不同:以环境质量目标的达成区别于环境行政行为的执行。所以绝大多数的学者在研究地方政府的环境质量责任时,将环境质量责任中地方政府的环境行政责任套用于传统治理中地方政府的环境法律责任,进而将其解释为达成目标的积极责任与接受法律惩罚的消极责任。在传统治理中,地方政府消极责任的缺失被认为是导致诸多环境问题的主因之一。自然而然,学界也将环境质量责任中的消极责任作为环境质量责任研究的重点。稍有区别的是,不同研究在涉及消极责任时采用了不同的外延解释。有部分研究直接采用传统治理中地方政府环境法律责任的消极责任外延,探讨以惩处行政人员等方式督促地方政府实现环境质量责任;也有部分研究尝试将环境质量责任中地方政府环境行政责任的消极责任外延法律化,探讨如何通过法制建构将其转变为消极法律责任;而更多的研究直接避开了解释环境质量责任中地方政府环境法律责任的消极责任外延,直接用"惩罚"这一责任内涵进行相关的学理探讨。[②]

然而,上文对"积极责任与消极责任二分"的环境质量责任解释提出了质疑,观点是"地方政府的环境质量责任并不存在消极责任,仅以积极责任的形态存在",理由是"无论是环境保护法律,还是包括《宪法》在内的其他法律,都未规定在地方政府未能履行环境质量责任后可以对其进

---

① 参见[美]威廉·N. 邓恩:《公共政策分析导论》(第 2 版),谢明等译,中国人民大学出版社 2002 年版,第 161～163 页。

② 参见曹树青:《结果导向型的政府环境责任建构》,载《南京林业大学学报(人文社会科学版)》2020 年第 6 期。

行惩罚性追责”。的确,由于当前行政法律中尚不存在完整、系统而成熟的环境质量责任,也就未见相应的、清晰的积极责任与消极责任。虽然环境保护法律大多宣告了地方政府需要为环境质量负责,但并未在后续条款中明确地方政府如何为达成环境质量目标负责,以及地方政府未能达成目标后的惩罚,法定而明确的积极责任与消极责任也就无从谈起了。

可是,现有法律设置上的缺陷尚不足以证明二分解释在环境质量责任上的不适用,也许这恰恰证明法定化消极责任对于环境质量责任的重要意义。换言之,现有的质疑仅是对环境质量责任二分解释的存疑处有疑,但尚未形成足以推翻二分解释的根本挑战。为此,下文拟从地方政府行政责任与法律责任的视角出发,沿着传统治理与环境质量责任的不同路径,对环境质量责任的消极责任进行证伪,并以此为例辨析环境质量责任中地方政府的责任履行保障。

二、预防督促导向的积极责任保障

地方政府是行政组织,公务员是行政人员,无论是从行政责任层面还是法律责任层面,以行政人员为对象的训诫、处分与任免等惩罚都不能与地方政府本身的消极责任完全等同。但在行政责任层面,这些惩罚可以作为行政人员的政治(行政)责任而存在于地方政府的行政责任之中。这是因为现代行政学是从政治学中分化而来的,行政人员的政治责任是对其作为实际“行政主体”决策或执行“行政行为”的肯定或否定。[①] 行政人员的决策与执行是地方政府进行公共治理的组成部分,赋予地方政府以行政责任的目的是追求公共治理中的良治与善治,责任建立于对地方政府实施行政行为的价值评判之上,故而必须先对行政人员的决策与执行进行价值判断。对行政人员决策与执行的价值判断与对地方政府行政的价值判断在同一行政关系之中,此时训诫、处分与任免等就作为行政人员政治责任中的消极责任而存在于地方政府的行政责任中。而在法律责任层面,只有在法律明确规定违法的情况下,行政人员才承担消极法律责任(例如《环境保护法》第 68 条规定的 9 种情况)。此时,对行政人员决策与执行进行的是违法判断,而非价值判断。对行政人员的违法判断与对地方政府的违法判断不会在同一法律关系之内。即使是行政人员的违法导致地方政府违法,行政人员的消极法律责任也是处于内部法律关

① 参见[美]特里·L.库珀:《行政伦理学:实现行政责任的途径》(第 5 版),张秀琴译,中国人民大学出版社 2010 年版,第 39 页。

系之中,而不是处于地方政府与行政相对人之间的外部法律关系之中。所以,行政人员的政治责任可以与地方政府的行政责任并论,行政人员的法律责任与地方政府的法律责任则各自独立。

即使仅就行政人员的消极法律责任而言,环境质量责任也不能直接沿用传统治理中行政人员的消极责任。综观当前的环境保护立法,对于行政人员违法情节的设置无不指向具体行为,而非宏观的、某一方面的公共治理行为。违法的情节设置也都是对具体行为合规性的考察,而不是对具体行为的公正、效率、科学等价值性的考察。例如,《环境保护法》第68条规定的违法行为包括违规许可、包庇违法、监管不作为、违规监管、经费挪用以及公开不作为。但在环境质量责任中,将地方政府是否如期达成目标作为责任履行标准时,行政人员的责任只能被价值评判,而不能像具体行为一样进行合规性的审查。因为无论是目标达成还是未达成的公共治理成效,都可能来源于完全不同的治理行为与过程,是无法预先设计出规范的。这就意味着环境质量责任中行政人员的行政责任可以直接沿用传统治理中的消极责任,法律责任则不能。例如某一地方政府未能按期达成环境质量目标时,行政首长的治理决策即使在规范之内,也可能因为在价值之外(例如,担心经济水平下降而作出缺乏锐意进取精神、过于保守的环保决策)而被要求承担行政消极责任,却不能因此承担法律消极责任。

而从法律责任的层面上看,环境质量责任中以地方政府为直接对象的责任不能沿用传统治理中的消极责任。与行政人员的消极法律责任一样,对地方政府消极法律责任的评判是基于合规性审查而非价值考察,所以传统治理中地方政府承担的消极责任同样指向可诉的具体行政行为,并以行政诉讼后地方政府承担的不利后果为主要内容,包括:重新作出或改变行政行为、确认行政行为无效或者违法、进行赔偿或者补偿。其中,明显不能适用于环境质量责任的消极责任有重新作出或改变行政行为、确认行政行为无效或者违法。因为实现某一治理目标,必然是地方政府实施多种具体行政行为的结果。例如,为了实现某一环境质量目标,地方政府不仅需要对大量个体进行环境行为的监管,还需要对环境质量进行监测等,也就无法谈及某一行政行为的作出、改变、确认了。唯一可能与环境质量责任的消极责任契合的是赔偿或者补偿。根据环境权理论,享有良好的环境品质是公众的环境权利,地方政府未能治理好自身辖区内的生态环境,意味着侵犯了公众的环境权。但公众的环境权与个体的传统权利存在差异,良好的生态环境是不可分割的整体,享有良好环境的权利主体是公众总和，而非分散的某一个体。[①] 因此，即使地方政府侵害了公众的环境权，也不能如侵犯个体的传统权利一样给予补偿或赔偿。

最后，环境质量责任中地方政府的消极法律责任亦不能套用地方政府的消极行政责任。在地方政府的环境质量责任上，领导约谈、通报批评与人员任免因为是行政人员的消极责任而不必再次讨论，需要详加讨论的是区域限批。有学者认为，将区域限批法治化，就是能惩罚并威慑地方政府的消极法律责任。[②] 但实际上，这种观点错误地理解了区域限批的功能与定位。尽管区域限批通过停止受理或暂停环评审批使地方政府在一定时间内丧失了合法新增污染物排放产业与单位的可能，看似极具惩罚性，但实际上，区域限批的根本目的并非惩罚地方政府，而是对地方政府未能达成环境质量目标的一种纠正。[③] 中央通过区域限批为地方政府纠正未来规划与行政治理的方向，并在实质上为地方政府后续的环境治理工作强制性地提供了一个不新增加污染源的底线。故而区域限批的本质是中央纠正地方政府环境治理情况的抽象行政行为，而非惩罚地方政府的消极法律责任。

环境质量责任与传统治理最大的区别在于，它并不是以地方政府行政行为本身的执行情况为责任重心，而是以地方政府行政行为的总结果为责任重心。考察地方政府行政行为总结果的方式是是否完成了预设目标，这能最大限度地追求公共治理的效率性目标。所以环境质量责任中地方政府的积极法律责任也与传统治理中的积极责任不同。在《环境保护法》为地方政府设置的传统积极责任中，最主要的是监管个体环境行为的责任，其法律关系往往产生于地方政府与行政相对人之间。而《环境保护法》第 6 条第 2 款规定“地方各级人民政府应当对本行政区域的环境质量负责”，加之《环境保护法》第 44 条的“总量控制制度”与第 29 条的“生态保护红线”制度，说明地方政府需要通过使环境质量达标的方式向中央负责，从而产生的法律关系应当是地方政府与中央之间通过环境质量达标机制形成的达标关系。在达标关系中，地方政府最初的监管责任被改变为环境质量责任——一种达标性质的积极责任，但这并不意味着达标关系中地方政府就不再承担监管责任，而是监管责任的定位被

① 参见徐祥民：《环境权论——人权发展历史分期的视角》，载《中国社会科学》2004 年第 4 期。

② 参见余敏江、刘超：《生态治理中地方与中央政府的“智猪博弈”及其破解》，载《江苏社会科学》2011 年第 2 期。

③ 参见竺效：《论新〈环境保护法〉中的环评区域限批制度》，载《法学》2014 年第 6 期。

改变了。《环境保护法》强调地方政府的监管责任,目的是通过完善监管实现提升环境质量的最终目标。从逻辑关系上看,对个体环境行为进行监管是实现改善环境目标的必要条件,而非充分条件。换言之,欲改善环境必须通过规制个体环境行为这一手段,但实施了这一手段,未必能实现改善环境之目标。由于地方政府在治理环境时具有一定的人格化倾向,如果单纯地强调地方政府对个体环境行为的监管责任,就会为地方政府扭曲《环境保护法》的立法意图提供空间,表现为地方政府将原本作为手段的个体监管等同于作为目的的改善环境,将对"实施监管"负责等同于对"改善环境"负责,最终以手段的履行代替目的的实现。[①] 而在环境质量达标机制中,地方政府不得不通过达成环境质量目标的方式来真正为"改善环境"负责,从而纠正了手段与目的的错位——监管责任被正确地置于达成环境质量目标的手段位置。此时,地方政府最核心的责任是达标责任,监管责任仍然是地方政府的一项重要且必不可少的法律责任,但并不是唯一或最核心的法律责任,而是从属于达标责任的次责任,监管责任科学且良好地履行是履行达标责任一个必不可少的环节。

为了达成环境质量目标,地方政府不仅需要履行监管责任,还需要履行其他法律责任,这些法律责任同样属于《环境保护法》已经赋予地方政府的传统责任,贯穿于地方政府进行环境治理的过程之中。它们包括但不限于规划责任(根据中央命令因地制宜地制定方针、政策,设计规划、计划,引导后续一系列具体的环境行政行为);激励责任(鼓励各类新型环保技术,鼓励清洁生产,鼓励节约型生产方式,鼓励废旧物回收等);建设责任(各类环保硬件的建设,各类环保标准的设置,各类环保软件的提供,各类基础服务的供给等);协调责任(生态补偿、联防联控、行业整合等);应对责任(突发环境事故的应对、危机预警机制、生态善后机制等);追索责任(生态损害赔偿、公益诉讼等)。诸多传统责任与监管责任一样,既是地方政府通过环境治理以达成环境质量目标的重要内容,缺一不可,又与最初《环境保护法》对它们的责任定位不同,从核心责任转变为从属责任。

综上所述,地方政府的环境质量责任是一种达标责任,但其积极责任之一是地方政府在进行环境治理时包括监管责任在内的传统治理责任。履行环境质量责任时地方政府同样需履行传统治理责任。但在达标关系

---

① 参见姜渊:《〈大气污染防治法〉规制思路与手段的思辨与选择》,载《浙江学刊》2019 年第 5 期。

中,地方政府履行传统治理责任时的态度与过往不同。环境治理是一项较难量化、在行政付出与政绩取得之间缺乏显性联系的软性任务,而监管个体环境行为、制定环保规划等行政行为本身是一系列直接清晰(可直接量化)、行政付出与政绩取得成正比的硬性任务。对软性任务无法以传统政绩考核方式进行考核,进而只能围绕在执行任务时留下的行为痕迹,也就是围绕这些硬性任务进行考察,从而会造成手段代替目的这一弊端的出现。环境质量达标机制将环境治理这一软性任务转变为可量化的硬性任务,地方政府就不再需要注重履行传统治理责任时的痕迹主义,而是真正关注这些责任的良好、科学履行。

除传统治理责任以外,地方政府的环境质量责任的另一项积极责任是目标设置责任。环境质量达标机制可以分成两个环节:目标设置与目标达成。传统责任是地方政府在目标达成环节中进行环境治理时担负的责任,而在目标设置环节中,地方政府需要承担起目标设置责任。在现有的总量控制、生态保护红线等环境质量达标机制中,往往是中央独自对各类质量目标进行设置,而地方政府对中央设置好的目标是单纯地服从。[①]这并非一种科学的,可以激励、确保地方政府履行环境质量责任的目标设置方式。因为中央很难有足够的人力、物力、财力去分别设置适应于每个区域且不断更新的动态目标,继而导致设置出的环境质量目标具有同质化与普适化,难以有效兼顾环境质量优良与不同区域的成本支出。而地方政府无法在目标设置环节以正常渠道表达自身的诉求,也不能在目标达成环节具备讨价还价的余地,最终不得不承担起超出自身能力范围的环境质量责任。所以,环境质量达标机制不能在目标设置环节排除地方政府的参与,目标设置责任应当是地方政府环境质量责任的主要内容之一,履行目标设置责任是地方政府良好履行环境质量责任的保障。

三、保障地方政府履行环境质量责任的“行政自制”内核

通过对地方政府环境质量责任的消极责任与积极责任的分析,可以得出一个初步的结论:环境质量责任是一种仅包含积极责任而不包含消极责任的法律责任。它的主要内容是两大积极责任:传统治理责任与目标设置责任。对环境质量责任的这一解释面临的最大质疑是:如果没有消极责任,如何确保地方政府会自发且主动地履行积极责任?乍看之下,

---

① 参见徐祥民:《大气污染防治中的地方政府大气环境质量责任制度实证研究》,载《法学论坛》2020 年第 5 期。

这一质疑无可辩驳:在传统治理存在消极责任,且消极责任还处于不断加强的态势的情况下,地方政府依然存在重经济发展而轻环境治理的情况,倘若没有消极责任,则地方政府很可能更加排斥环境治理。但实际上,这一质疑忽视了最为关键的一点:并非只有惩罚威慑的消极责任才能督促地方政府履行环境质量责任。

消极责任的本质是用事后惩罚来威慑地方政府,使地方政府在权衡利弊后选择履行责任,其逻辑预先就将地方政府视为不愿意履行环境质量责任的角色。事实上,地方政府并非一个绝对的环境治理排斥者,而是对中央众多命令进行衡量考虑的选择者。如果中央发出的是地方政府完全可以接受的环境治理指令,则地方政府自然而然地具备自我督促与自我规制的动力,进而实现行政自制。根据社会学的"镜中我"理论,个体在与他人互动时会不断地评价与调整自我。作为代表多数人的集合体,地方政府在社会治理中同样会在互动时不断地自我评价与调整,因为"众多人与个人一样富有个性与倾向"①。地方政府进行的公共行政行为针对行政相对人,也面对中央,即使行政相对人与中央不对地方政府进行主动惩罚,地方政府也会因为二者的负面评价而对行政行为进行约束与调整。并且,由于约束与调整是地方政府的自我行为,最终会反馈给地方政府自身,促使其在未来形成符合公众预期与中央评价的行政理念与行政规范。在中央极度重视环境治理与公众对环境问题热切关注的当下,当地方政府面对科学且有能力实现的环境质量目标时,其完全有理由自发且努力地达成目标。

地方政府行政自制的前提是中央命令的可接受,这在环境质量责任中意味着目标的科学与可完成。具体到环境达标机制中,就是环境质量目标的科学性与地方政府环境治理的可完成性,也就回归到了地方政府环境质量责任的两大积极责任(目标设置责任与传统治理责任)之上。当法律赋予了地方政府目标设置责任,也就给予了地方政府参与环境质量目标设置的机会与权力。地方政府能从自身的客观情况出发,实现目标的异质化,进而满足地方环境治理的地方性与灵活性,也能将环境质量目标在地方情景下予以细化和改良,之后再将改良后的地方经验通过参与目标设置而重新上升到中央层面。若法律赋予了地方政府传统治理责任,理想状态是给予了地方政府充分的自主治理权力,排除了过多的框架

---

① [美]查尔斯·霍顿·库利:《人类本性与社会秩序》,包凡一、王湲译,华夏出版社2020年版,第122~130页。

制约与中央干涉,让地方政府不必拘泥于中央对环境行政行为本身的合意性,只需要就行政行为的合法性与最终环境质量目标的达成承担责任。此时,地方政府在治理环境时的效率必然更优,趋于实现环境治理与经济发展平衡而非独重经济发展的愿望必然更加强烈,最终达成环境质量目标的可能性也必然更大。总而言之,行政自制是地方政府环境质量责任实现的内核,是两大积极责任履行的可能之所在,而两大积极责任的履行又反过来为地方政府的行政自制提供了保障,继而形成了良性的循环。

扩展到环境质量责任中,地方政府的行政自制符合当前行政理念中的惠民与服务者思想。公共行政行为的根本出发点在于以人为本,将自我调适纳入地方政府的公共行政行为中,可以避免僵硬死板的例行公事,使地方政府设身处地地为行政相对人考虑,并在尊重人权与尊严的情况下给予尽可能的服务。同时,地方政府的行政自制符合《宪法》"一切权力来源于人民,服务于人民"的原则。① 环境质量责任表现为地方政府向达标负责,因而地方政府往往会单纯地服从于中央制定的目标,通过行政自制这一方式,地方政府能与公众产生真正紧密的联系与互动。

并且,行政自制对地方政府履行法律责任的督促,优于消极责任(惩罚威慑)的督促效果。在适用环境质量责任的情境(如环境治理领域)中,地方政府实施行政行为未必能确保预期效果的实现,这也意味着事后惩罚未必能准确地追责到对应的对象。当环境质量下降或者重度污染产生的结果出现时,地方政府可能已经完成了行政任职的轮次交换,受环境科学技术的限制,确定"罪魁祸首"的难度大、成本高,进而会导致事后惩罚威慑效用的下降,即使实现了精准的事后惩罚,从国家的层面看依然是一件性价比极低的工作。因为生态环境已经被造成的破坏是巨大而不可估量的,而行政自制能在生态环境被破坏之前督促地方政府履行法律责任,通过低成本的事先预防避免高成本的负面效果的出现。环境质量责任中地方政府的法律责任只包含积极责任,并不包含消极责任,以环境质量责任为导向的法律改革应当围绕目标设置责任与传统治理责任这两项积极责任。稳定的法律不可能直接设置出具体的目标,而环境质量责任也要求法律不应为地方政府的治理工作设置过于繁缛的细则,所以在环境质量责任中法律的功能应当是赋予地方政府责任并督促责任的履行,也就是围绕目标设置与传统治理进行规范性设定。

---

① 参见陈永鸿:《行政自制的宪法维度》,载《华南师范大学学报(社会科学版)》2012 年第 1 期。

首先，法律应当开宗明义地宣告在特定治理领域中承担环境质量责任，地方政府于其中承担的法律责任以及环境质量责任的原因、方式及原则。例如，《环境保护法》不仅需要宣告“地方政府为辖区内的环境质量负责”，更需要宣告“为质量负责的方式是实施环境质量达标机制，地方政府以在规定期限内实现不同领域环境质量目标的方式承担环境质量责任”。其中，不同领域是指水、大气、土壤、海洋、噪声等不同生态环境或不同种类的污染物。不同领域的环境质量目标可分为依照环境质量标准而设立的目标以及依照污染物排放总量设置的目标。由于不同的生态环境与不同种类的污染物具有相似但不尽相同的特性，又互相影响且共同作用于区域内的整体生态系统，因此，可以由《环境保护法》统领所有环境质量达标机制，由各环境保护分支法对不同领域的环境质量达标机制予以详细规范。地方政府履行环境质量责任的原则应是规定目标达成原则与独立治理原则，分别指地方政府以最终目标的达成向中央与法律负责，而不是以治理时的行政行为向中央与法律负责（在行为合法的前提下）；以及地方政府在进行具体的治理活动时，不受中央的直接调控与过度干涉，有相当的自主权以确保行政行为的高效。

其次，法律需要设置目标设置的程序与规范，其主要内容应当以权力的分配与控制为主。目标设置的权力不能由中央独享，而应该在地方政府与中央之间进行合理分配。总的来说，中央享有目标的决定权与发布权，这是因为中央领导全国范围内所有的治理活动，从宏观层面把控方针与利益的平衡。中央具有最高权威，相较于地方政府具有权威性、强制性与威慑性，且具有足够的资源来引导、命令与制衡地方政府，只有中央发布的目标才能匹配其最高位阶。与此同时，地方政府享有目标的初创权与商议权，也就是提交目标设置草案的权力和与中央商议目标设置终案的权力，这是因为地方政府是最了解辖区内生态环境与社会发展客观情况的主体，也是对治理能力最有把握且对治理支出最为了解的主体，由其设计并提交的目标草案会是符合区域实情、兼顾环境保护与社会发展、切实可行的目标方案。给予地方政府商议权，是为了将地方政府的上述优势最大化，避免中央匆忙地否定目标草案。具体到《环境保护法》，需要设置“地方政府收集信息→组织专家→制订草案→提交草案→中央审查→共同协商→发布目标”这一系列程序。

再次，法律需要限制中央直接参与地方治理的权力，扩大与规范地方政府在辖区内进行治理的权力。中央在国家治理中处于至高无上的地位，但这并不意味着它是无所不知与无所不能的。在传统治理中，中央原本需要在地方政府作出行政决策或作出行为之前进行方向引导,或是在地方政府因为自利而进行错误行政决策或行为时进行错误纠正。而在履行环境质量责任时,地方政府的行政决策与行为已然有了一个更为强大的引导——预先设立的目标,亦有一个无时无刻不在纠偏的意念——达成目标的责任,也就不再需要中央过多地介入与干涉。因此,法律需要将原本属于中央的上述权力赋予地方政府,使地方政府有足够的权力空间来充分发挥自身的能动性,将治理效率提升到最优。当然,扩大的权力也不是没有限度的,地方政府的治理权力应受到两大限制:一是合法性限制,地方政府不能因为要达成目标而突破行政合法的界限;二是未达成目标后的限制,在地方政府确实未能达成目标后,中央应当介入并接管具体工作。具体到《环境保护法》,需要依照科学的分权详细地设置中央与地方政府的相关权力,并由各环境保护分支法拓展到不同领域。

最后,法律需要为目标性治理提供充足而有效的制度支持。不同情境下的环境质量责任需要不同的制度支持,《环境保护法》当前已有的污染物排放总量控制制度、生态保护红线制度是典型的环境质量责任制度,但二者都面临科学性、可操作性与规范性不足的问题,亟须进一步完善;已有的环境规划制度与联防联控制度虽然不是单纯的环境质量责任制度,但其能在环境质量责任中发挥极为重要的作用,通过预先规划与府际合作,集多方之力共同达成环境质量目标,因而需要纳入目标性治理的制度储备中;已有的“三同时”制度与环境影响评价制度等,应进行相应的精简与改良,避免因过度规范而影响地方政府的行政效率;未有的目标性治理制度需要《环境保护法》未来的积极探索。

第二节　地方政府履行环境质量责任的保障路径

一、科层权威下的事后追责路径

环境质量责任是地方政府环境法律责任的一种,传统研究往往从两个层面解释地方政府的环境法律责任:第一性环境法律责任,即法律设置的责任内容;第二性环境法律责任,即未履行责任的后果。这两个层面的解释来源于我国当前的行政体制——科层制。科层制是马克斯·韦伯将各类治理实践还原为组织现象的一种尝试。其反映在我国的行政体制建构上,表现为自中央至地方的层级结构:以全国人大、国务院等为代表的支配者,以省级政府、基层政府以及中央部委垂直管辖的政府部门等地方政府为代表的“机器”,直至以个人、企业等为代表的被支配者。各类治理实践是支配者依靠一个等级制的权威机构与配套的规则体系有效地实现其目标的过程，遵循“权威—规则—惩罚”的运行模式。其反映在我国的环境法治中，表现为中央政府通过立法等手段发布最高层级的环境法治决策，地方各级政府将最高决策转换为地方立法、环保执法与环保司法，以“非人格化”的状态（机器）依据规则实施具体的环境治理行为。所以，地方政府的环境法律责任是环境保护领域中地方政府遵从中央政府支配的法律责任，责任逻辑遵循“赋予责任—追究责任”的思路。当地方政府未能履行好环境法律责任时，就会遭受责任履行不力的惩罚。

多年环境治理的经验显示，监督、惩罚个体不法环境行为不应是环境法律责任的唯一内容，而应补充以环境质量达标为核心、以环境质量目标制度为路径的环境质量责任。环境质量责任是一种不同于监管责任与行为责任的目标性责任。但责任内容的确定，还不足以完全明晰环境质量责任这一概念。根据环境法律责任的传统思路，目标性的环境质量责任也可以按照“赋予责任—追究责任”的思路，分解为第一性责任与第二性责任，即地方政府按期完成中央政府发布的环境质量目标与地方政府未能如期完成环境质量目标后的事后追责。

然而，这一解释受到了质疑与批判，被认为是对环境质量责任的错误理解。《宪法》第26条规定：“国家保护和改善生活环境和生态环境，防治污染和其他公害。”《宪法》的这一规定，不仅是环境保护法律赋予地方政府环境质量责任的渊源，也使中央有权要求地方政府为环境保护而努力。地方政府有权在自身辖区内进行包括环境执法在内的环境治理，但这并不意味着地方政府未积极进行环境治理，中央可以依法对其进行“追责”。尽管因为环境质量提升上的不力，中央曾追责过多位行政首长，但这并非对地方政府的“追责”，而是对个体的追责。对个体的追责在实质上不同于地方政府环境质量责任，但极易被混淆为后者。地方政府环境质量责任的责任内容是要求地方政府积极地行使改善环境的权力，包括地方立法、环境执法等，因此如上文所述，地方政府环境质量责任是一项建设性的权力责任。

建设性责任是对环境质量责任特性的定义，是持此观点的学者从宪法学层面推导而来的责任概念。这一概念具有新颖的思辨意愿与丰富的法理意蕴，对传统二分式的责任解释进行了根本性的突破。遗憾的是，此观点的相关研究仅对建设性责任的概念与法理学推演进行了阐述，并未回答一个关键问题：如果不对地方政府进行失责后的事后追责，那么如何确保地方政府主动履行环境质量责任？换言之，如果不在地方政府达标失败后对其进行惩罚,则如何督促地方政府按期达成环境质量目标?回答这一问题的理论意义在于,仅解释环境质量责任在应然上对追责思维的排斥,尚未触及实然层面对追责功能的探讨,还不足以围绕建设性责任形成完整的逻辑闭环,只有在追责思路之外寻找到确保地方政府履行责任的另一种思路,才能支撑起“环境质量责任是一种建设性责任”的学术观点。

回答这一问题的现实意义在于,我国的地方政府并不完全符合科层制为其预设的“机器”角色,而是表现出具有一定自身利益考量的“人格化行政”色彩,其会对最高决策执行的成本与收益进行权衡,通过选择性或变通性地贯彻决策来实现自身利益的最大化。[①] 尤其是当延时性获得、非独占性获得的环境利益与经济利益相冲突时,人格化行政的地方政府更容易选择不履行环境法律责任,而选择履行更符合自身短期利益的经济法律责任。尽管人格化行政的地方政府可以做到“灵活机动、超越常规,以及应对不同的现实”,从而解决传统科层制“在面对环境变化、时代变迁与决策失误带来的挑战时,常常无法有效创新与缺乏应对”的问题,但在环境法治领域,“变通”这一优势仍不及“扭曲”这一劣势。具体表现为环境法治中有些政府权力寻租、选择性环境执法(规制低税收企业而忽视高税收企业等)、变通性环境治理(将良田改为建设用地而将贫瘠之地划拨为农业用地等)。因此,在涉及地方政府的环境质量责任时,如果没有有效的履责保障,很难不担忧地方政府会选择以不达成环境质量目标的方式来对抗或逃避环境质量责任。

现有研究已经阐明,在法理上,地方政府的环境质量责任并非一项事后追责的法律责任。而在实践中,在地方政府未能履行环境质量责任后进行事后追责,也并未收到预想的良好成效。一是事后追责并不能确保地方政府履行环境质量责任。2014 年至 2016 年原环境保护部对 30 余个地方政府行政首长的约谈显示,约 6% 的约谈源于某一(些)具体的个体环境行为(数据监测造假、违规建筑施工),7% 的约谈来源于地方政府的环保基建落后,40% 的约谈来源于地方政府对个体环境行为的规制(规制程序瑕疵与监管不到位),47% 的约谈来源于地方政府未实现区域内的环境质量改善(10% 的约谈来源于减排目标未完成,14% 的约谈来

① 参见郁建兴、高翔:《地方发展型政府的行为逻辑及制度基础》,载《中国社会科学》2012 年第 5 期。

源于水污染严重,23%的约谈来源于空气污染严重)。[①] 也就是说,中央政府已然开始赋予地方政府环境质量责任并督促其履行。但大多数城市在约谈一年后甚至半年后又出现环境质量的急剧下滑、反弹。[②] 这是因为在应对追责时,地方政府倾向于使用“失误”“失职”“不力”“失当”等模糊的词语代替明确的环境质量目标上的失责。例如,在区域限批机制(被视为典型的对地方政府进行事后追责的方式)中,当中央追责地方政府并作出区域限批的决定后,一些地方政府会将之理解为已经为环保失责接受了惩罚,进而继续忽视提升环境质量的责任的履行,甚至愈发注重经济发展,以弥补因区域限批造成的经济损失。由此可见,事后追责容易将重点导向追责本身,而非如预想般督促地方政府真正履行环境质量责任。

二是事后追责面临功能失当的问题。环境治理具有很强的效果滞后性与效果扩散性,无论是环境破坏还是环境保护,其行为的作出与效果的显现都需要相当长的反应时间,并且行为产生的效果极可能并不限于行为作出的区域本身。当行为到效果的反应时间长过行政班底轮换(行政首长变动、人员重组等)的期限时,就会出现“前人种树后人乘凉”“前人砍树后人受罚”的状况;当效果出现的区域大大超出或转移出政府行为作出的区域时(本省污染→邻省受灾,上游污染→下游受灾,大气污染→风向转移等),就会出现风险转嫁与责任转移的状况。这些状况的出现,不仅会使追责本身的公平性遭到极大的破坏,影响事后追责的惩罚实效与公众信服度,进而“激励”行政首长不作为地避责而非主动担责;更为重要的是,会使事后追责的纠正功能失当,如地方政府已经就环境破坏问题进行了合适的应对,但由于反应的滞后性而依然被处以“区域限批”的处罚,或是原本已经尽职进行治理的地方政府因为邻省政府的环境失责而遭受“区域限批”的处罚,都会导致自身辖区内社会就业受到阻碍、整体规划受到破坏,进而影响后续环境保护工作的开展。因此,事后追责可能无法追到“正确”的责任,进而对地方政府履行环境质量责任产生负激励。

① 参见王惠娜:《环保约谈对环境监管的影响分析:基于34个城市的断点回归方法研究》,载《学术研究》2019年第1期。

② 参见吴建祖、王蓉娟:《环保约谈提高地方政府环境治理效率了吗?——基于双重差分方法的实证分析》,载《公共管理学报》2019年第1期。

二、权力分配下的事前负责路径

以责任的履行作为节点，事后追责是在责任履行后以惩罚功能实现下一轮责任的履行保障。事实上，着眼于责任履行这一节点之前，可以以另一种思路实现履责的保障。地方政府的环境质量责任是一项建设性责任，其责任内容是要求地方政府积极地行使被赋予的权力，换言之，它是一项权力责任。依此思路，在责任履行之前，应当以科学的权力分配来确保地方政府履行环境质量责任。这是因为权力分配的科学程度直接影响政府履行责任的动因，理想的权力分配机制能激励、促使地方政府履行责任。

相较于事后追责，权力分配具有两大优势：解释优势与功能优势。前者是指以权力分配来确保地方政府履行环境质量责任更符合《宪法》立法原意与法理阐释，在解释层面更具优势；后者是指权力分配能更好地确保地方政府履行环境质量责任。处于责任履行节点之后的事后追责实现的是惩罚与威慑功能，需要建立在损害明显、主体清晰、因果关系明确等前提之上，但地方政府在环境质量上的失责往往是长时间区域内所有个体环境破坏行为的累积，肇事主体含混、肇事原因模糊、因果关系不明、责任难以分配。而处于责任履行节点之前的权力分配机制实现的是预防功能，能从根本上避免各主体因为环境破坏而承担责任。同时，政府失责后往往呈现出区域整体环境生态破坏的局面，具有损害巨大、难以逆转等特性，事先预防的经济成本远远低于事后修复。因此，作用于失责发生之前的权力分配更契合环境保护法律“预防为主”的原则，在功能层面更具优势。

地方政府的环境质量目标通过环境质量责任实现，而环境质量责任主要由“目标设置”与“目标达成”两大环节构成。在这两大环节中，中央政府与地方政府享有不同的权力分配。环境质量目标的达成依赖地方政府在辖区内的环境立法、个体环境行为监管与惩罚等环境规制的实践。因而在目标达成环节中，地方政府享有环境规制与环境治理的权力，权力的指向对象是接受地方政府规制的个体。尽管中央享有指导权与纠偏权，具有较高的权力位阶，但从权力体量上看，直接实施环境法律规制、展现并使用规制权力的依然是地方政府；尽管个体享有知情权与参与权，但从法律关系上看，占据支配地位、起主导作用的依然是地方政府。所以，责任达成环节的权力分配侧重于地方政府的环境规制权力，形成了“地方政府（权力）→个体（责任）”的权力关系。

而在目标设置环节，占据核心位置的是设置目标的权力，依据现有法律文本分析，拥有并行使这一权力的主体仅限于中央政府。首先，《环境保护法》第44条规定“重点污染物排放总量控制指标由国务院下达，省、自治区、直辖市人民政府分解落实”，《大气污染防治法》第4条规定“国务院生态环境主管部门会同国务院有关部门，按照国务院的规定，对省、自治区、直辖市大气环境质量改善目标、大气污染防治重点任务完成情况进行考核”，这指明了目标设置者为代表中央政府的国务院与国务院环保部门。其次，《土壤污染防治法》与《水污染防治法》等法律虽未明确指出目标设置者的具体指向，但依据上下文本可知其默认中央政府独占目标设置权。最后，参考有明确水环境质量目标的《水污染防治行动计划》与有明确大气环境质量目标的《大气污染防治行动计划》，其发布主体皆为国务院，这进一步佐证了中央政府在目标设置权上的独享。尽管缺乏明确的法律文件与相关研究，无从得知中央政府制定目标的详细程序，但纵览相关法律法规与法律性文件，都未见地方政府参与目标设置的相关规定，所以目标设置的权力分配排除了地方政府这一主体，中央政府独享权力，形成了“中央政府（权力）→地方政府（责任）”的权力关系。

衔接目标设置与目标达成两个环节，地方政府于其中发挥了承上启下的关键性作用，扮演着权力主体与责任主体的双重角色。环境质量责任的起点是中央的独享性权力（目标设置权），进而在地方政府之上完成责任（环境质量责任）向权力（环境规制权力）的转化，最终作用于个体之上，形成“中央（权力）→（责任）地方政府（权力）→个体（责任）”的权力关系。上述权力分配与权力关系来源于我国科层制下中央与地方政府的垂直、线性隶属关系。然而，这一权力分配并非一种科学的、可以激励和确保地方政府履行环境质量责任的分配模式。其中，中央处于权力过载的状态。目标设置的意义与价值最终归于地方性环境规制与治理的实践，这就要求设置的目标本身必须体现地方性，即符合不同地方的客观情况与环保要求，否则其有效性就会大打折扣。但目标设置的表现形态与权力来源是独立的中央意志与独享的中央权力，与地方性需求产生了实然与应然的矛盾，表现为设置目标的同质化与普适化，却未能兼顾环境质量优良与不同区域的成本支出。例如，《大气污染防治行动计划》规定“到2017年，全国地级及以上城市可吸入颗粒物浓度比2012年下降10%以上”，2018年生态环境部通报的最终考核结果显示河南省和西藏自治区均完成了大气环境质量目标。但实际情况是，西藏自治区全区环境空气优良天数比例为98.2%，河南省全省环境空气优良天数比例为

56.6%。[①] 也就是说,同样在完成目标的情况下,西藏自治区几乎全年空气质量优良,而河南省有将近一半的时间处于空气质量低劣的状态。并且,西藏自治区全年用于大气、水、土壤三大领域的污染防治工作开支共计7亿元,[②]河南省全年用于节能环保的支出共计358.5亿元。[③] 全国有34个省级行政区,中央很难有足够的人力、物力、财力去分别设计出适应于每个区划且不断更新的动态目标。所以,仅凭中央是无法发挥出目标设置权力的所有功效的。独享的目标设置权力使中央处于“权力大于能力”的过载状态。

相对地,地方政府处于责任过载的状态。在目标设置的阶段,地方政府无法通过正常渠道表达自身的诉求;在目标达成的阶段,地方政府不具有“讨价还价”的余地。处于权力过载状态下的中央又无法兼顾地方的客观情况。因而,地方政府不得不承担起超出自身能力范围的环境质量责任。难以实现的责任自然不利于环境的最终改善,从而形成环境质量责任与其他环境法律责任之间的裂痕,进而迫使地方政府不得不承担起二者的双重责任。所以,中央的权力过载会使地方政府处于“责任大于能力”的过载状态。处于责任过载状态下的地方政府难以履行责任,可能会转而寻求避免责任的路径。首先,地方政府可能会寻求个人避责,即以行政首长、官员的个体惩罚(如“一岗双责”“党政同责”)代替自身责任的履行。其次,地方政府可能会寻求反向避责,即以中央对地方环境法治的直接插手代替自身责任的履行。其中最为典型的就是区域限批制度,该制度看似是对未履行环境质量责任的地方政府进行追责,实则直接指向区域内个体的环境行为规制,导致地方政府可能借机避免自身对环境权力的合理、有效行使,也就避免了环境质量责任的履行。最后,地方政府可能寻求下位避责,即在目标分解的过程中将目标履行的艰难部分原封不动地转移给下级地方政府,从而以下级地方政府未能履责掩饰自身的失责。[④]

不科学的权力分配带来了中央政府与地方政府的双重过载,而这种不科学的权力分配,其实来源于目标设置上中央集权与超大型国家的国情之间的深层矛盾。自封建时期起,我国就已是幅员辽阔的超大型国家,

---

① 数据来源于《2018年河南省生态环境状况公报》。

② 数据来源于《关于西藏自治区2018年预算执行情况和2019年预算草案的报告》。

③ 数据来源于《关于河南省2018年预算执行情况和2019年预算草案的报告》。

④ 参见[美]B.盖伊·彼得斯:《比较公共行政导论:官僚政治视角》(第6版),聂露、李姿姿译,中国人民大学出版社2015年版,第201页。

并已形成由中央大一统的治理格局。中央集权有效地维护了统治阶级的权威性，遏制了地方割据与疆域分裂，但同时也扩大了治理规模、加重了治理负担。在环境质量责任中，就表现为目标设置上中央集权与超大型国家的国情之间的矛盾。这一矛盾又可具化为以下三对矛盾：一是中央有限的治理资源与各地超量环境治理需求的矛盾，各地对环境治理的异质偏好差距巨大，且随着改革开放以来的快速发展而呈现出越来越大的趋势，而试图整合各异质偏好的中央却不具有足够的治理资源。二是决策统一性与地方治理有效性之间的矛盾，因为需要谋求政治认同的正当性，中央集权带来的是较为统一的治理决策（普适性的目标），但统一的治理决策无法有效地实现地方的环境治理，继而会影响政策的稳定与地方环境治理的合法性。① 三是省级目标与不同层级地方政府诉求之间的矛盾，中央下达的目标以省级政府为承担对象，但省级政府下辖的不同层级地方政府具有不同的利益诉求，中央下达的目标无法兼顾这些不同的利益诉求，就无法苛求各地方政府科学有效地实施环境治理。

三、保障地方政府履行环境质量责任的“央地同场”路径

要化解上述矛盾，为地方政府履行环境质量责任建构起科学有效的事前负责路径，改变目标设置中的权力分配是可以选择的一种方式。地方政府具有一定的反环境治理偏好（如侧重经济发展、社会就业等），但又非纯粹、绝对的反环境治理偏好者。② 因而地方政府既具备参与目标设置、分享权力的可能，又不能离开中央而独享目标设置权。也就是说，环境质量责任在目标设置上需要一种中央政府与地方政府同时在场的权力分配方式。地方政府在场可以有效地化解上述三对矛盾：首先，地方政府参与目标设置能极大地满足超大型国家对环境治理的需求。地方政府能从自身的客观情况出发，实现目标的异质化，进而满足地方环境治理的地方性与灵活性，极大地减轻中央治理资源供给负担。其次，地方政府在场有助于缓解决策统一与治理地方性的矛盾，可以将中央的统一政策在地方情景下予以细化和变通，之后再将改良后的地方经验通过参与目标设置而重新上升到制度层面。这一过程既能降低中央政策在地方的不适性，反向维护政策的稳定，又能增强地方环境法治本身的合法性与目的

① 参见贺东航、孔繁斌：《公共政策执行的中国经验》，载《中国社会科学》2011 年第 5 期。

② 参见李晟：《“地方法治竞争”的可能性　关于晋升锦标赛理论的经验反思与法理学分析》，载《中外法学》2014 年第 5 期。

性,最终实现中央政策与地方治理的辩证统一。最后,地方政府在场方便整合不同层级地方政府的诉求,提升环境治理的整体效果。赋予地方政府参与目标设置的权力,与为地方政府设置目标一样,都需要省级政府将之细化、分解给各层级地方政府。统筹与综合各层级地方政府不同诉求后的目标,既显著减轻了省级政府的责任过载,又极大减少了省级政府下位避责的空间,即省级政府无法脱离各层级地方政府的已有表达实施目标分配。最终激励各层级政府同心共治,实现整体上环境治理的联动与合力。

此外,中央在场又为地方在场提供了支撑、激励与限制。中央在场代表地方在场的政治同一性,并为后者提供了意识形态前提与法律支撑;中央在场激励地方政府积极履行设置目标的权力,防止其对环境质量责任的消极应对;中央在场限制了地方政府设置目标时的随意性,避免其设置出完全与环境改善相悖的目标。实现中央与地方同时在场的权力分配,并不仅是推演中的构思性蓝图,而已然具有多年的实践经验,美国《清洁空气法》(Clean Air Act,CAA)就是一个相当成功的例证。环境法治面临的根本性难题是环境保护与经济发展的两难,科层制下"自利行政"的地方政府往往选择牺牲环境质量去换取经济利益,而在中央集权的目标性责任制度中,地方政府又因为被赋予的目标而承担了过于严峻的经济发展压力。但《清洁空气法》的实施经验证明,改善环境目标的实现与较好地降低经济损失成本,并非绝对对立。据统计,1970 年(《清洁空气法》颁布之日)至 2014 年,美国国内生产总值提升了 238%,但大气污染降低了 69%;1991 年至 2014 年,全美最后 41 个州实现了一氧化碳含量上的环境质量达标,同时也一直维持机动车保有量的上升。以《清洁空气法》为主题的过往研究将这一成效归因于先进的污染防控手段、广泛的污染物覆盖、市场调控与法律规制并重的治理思路、丰富的公众参与制度等,却忽视了最为关键的因素,即《清洁空气法》与其前身——《空气污染控制法》(Air Pollution Control Act,APCA)和《空气质量控制法》(Air Quality Control Act,AQCA)之间最为本质的区别是中央与地方同时在场的目标性责任制度。

《空气污染控制法》诞生于 20 世纪中期,是美国第一部国家层面的大气环境立法,但在多年的法律实践中面临积极污染防治未能有效提升大气环境质量的难题。因而,《空气质量控制法》将法律关注的焦点从大气污染防治转向大气环境质量提升,但又发现各州政府拒不执行或变通执行中央环保总署(Environmental Protection Agency,EPA)下达的大气环境质量指令。为此,《清洁空气法》与后续修正案在中央层面构建起了一个约束美国各州的目标性责任制度。① 该制度包含两个重要的原则(内容):国家空气质量标准原则与州政府独立实施原则。二者皆围绕目标性责任中的大气环境质量目标,前者明确大气环境质量目标的效力来源于国家层面的法令,发布主体是代表中央的中央环保总署,具体内容以大气环境质量标准为基准;后者确立了州政府有权在自身辖区内合法、合理地行使权力,实现目标并为目标的达成而负责,同时缩限了中央对州政府治理环境的干涉权。制度与原则的核心——大气环境质量目标分为一级与二级两个档次,涵盖一氧化碳、氮氧化物、细颗粒物等多种污染物(臭氧、酸等部分大气环境指标单独设立标准)。围绕这些目标,中央环保总署与各州政府之间不再是简单的行政上下级关系或是监管代表与被代表关系,而是各自具备了相应的责任与权力,形成了相互依赖、相互制约的平衡。州政府需要为按时达成大气环境质量目标而负责,因而其“自利行政”的空间被大大减少。除非大气环境质量目标未能被按时达成,否则中央环保总署不会直接干涉州政府在自身辖区内的环境治理(部分特殊情况除外,如达到《清洁空气法》重污染标准的交通建设项目或者工业排污项目),因而州政府具备了更为充沛的治理权力与空间。最终,央地互动、二者合力,实现了改善大气环境质量的目的。

尽管《清洁空气法》构建的目标性责任制度是一项国家层面的制度,大气环境质量目标由中央环保总署予以发布,但这并不意味着中央独享目标设置的权力。《清洁空气法》规定的目标设置程序可分为三个部分(臭氧等少数污染物略有不同):第一部分是基础标准的建构。中央环保总署需要完成技术咨询委员会的组建,空气污染物监测、分析、建模和清单研究,数据的监测、收集和汇编,污染有关的流行病学、临床以及实验室和现场研究,宏观环保计划的制订等,并在此之上建立起大气污染物清单与大气环境质量标准。第二部分是大气环境质量目标的设置。州政府需要依照客观情况设置自身的大气环境质量目标,内容包括在不同时间段内、不同辖区划分内实现一级或者二级标准的大气环境质量,以及为实现大气环境质量目标而计划实施的行动方案,内容包括详细流程、量化分析、标本采集与可行性研究等。随后,州政府将目标与行动方案递交给中

① See Elizabeth T. Jacobs, Jefferey L. Burgess & Mark B. Abbott, *The Donora Smog Revisited: 70 Years After the Event That Inspired the Clean Air Act*, American Journal of Public Health, 2018(8).

央环保总署,中央环保总署需要在 90 天内审批并完成发布,或是在 120 天内提出批驳与修改要求。若目标与行动方案被审批通过并发布,州政府将按照其进行环境治理以达成目标(包括在 120 天内向下级政府进行目标的分解等)。若目标与行动方案被批驳或修改,州政府具有争辩与说明的权力,或是重新制定并重复递交流程。第三部分是大气环境质量目标的动态修正。中央环保总署发起的修正包括:在古迹、原始地区、保护区等特殊地区(不包括印第安部落)的新设立与改变后,修正大气环境质量目标,并在 60 天内与州政府达成一致。州政府发起的修正包括:州政府(如关岛、维京群岛等)可因为客观难以实现而申请目标豁免,州政府(满足排放限制的)也可在二氧化硫方面申请修正行动方案等。从权力分配的视角看,中央享有标准制定权,为大气环境质量目标提供基准与框架;目标审批权,确保目标符合宏观调控与满足环境保护的需求;目标发布权,为地方政府的责任与权力提供渊源。地方政府享有目标提供与抗辩权,使目标符合自身状况,保证目标的实际可行性。中央与地方政府共享目标修正权,实现目标的与时俱进。综上所述,《清洁空气法》以科学的权力分配确保了地方政府目标性责任的履行。

由于美国与我国在国家形态、行政结构等方面具有较大差异,因而《清洁空气法》的具体设置不能被直接移植至我国环境法治中,但它仍能为化解延续环保督察功效的论辩提供相当丰富的有益借鉴。环保督察以目标性责任为旨趣,力求解决环境法治的科层制困境,规避其运动式治理的形式、延续其功效的最优路径是在我国环境法治中构建起目标性责任制度。法律的主要形态是规则与罚则,承担的主要任务是规制个体。但若就此认为法律无法规制与个体截然不同的政府,就犯了经验主义的错误。当下我国环境法治中的目标性责任制度仅涉及部分污染物、涵盖部分行政区域,还未能实现地方政府为辖区内环境质量负责的根本理念。将目标性责任制度上升为环境法治的根本性制度,延伸至全国所有行政区域,涵盖所有可能影响环境的要素,甚至考虑将对个体的规制纳入该制度框架内,以该制度统率地方政府所有的环境治理行为,应是我国环境法治革新的必由之路。

首先,调整环境质量标准的定位与制定程序。当下,与环境法治联系最为紧密的标准是污染物排放标准,表现为地方政府在环境执法时将之作为标尺性工具使用。而更能评价环境是否优良的环境质量标准,却仅在环境法治中发挥着单纯的评价性功能。赋予地方政府参与国家环境质量标准制定的权力,鼓励地方政府积极践行自主制定地方环境质量标准的权力，才可能真正将环境质量标准重新定位为“地方政府的责任清单”。而欲实现这一定位重置，既需要环境立法开宗明义的明确宣告（明确环境质量标准是约束地方政府的环境质量目标的来源）与后续章节中的详细设定（如何在环境质量标准的基础上设置环境质量目标等），又需要环境立法为建立系统而科学的环境质量标准体系提供具体支持。我国环境立法现有的有关环境质量标准体系的条款（如《环境保护法》第15条），更多的是原则性与导向性的设定，还不足以支撑起科学、系统、宏大的环境质量标准体系的建构，亟待丰富、细化甚至重设。

其次，制定中央政府与地方政府同时在场的目标设置程序。中央政府与地方政府同时在场，其权力分配必然是地方政府享有目标的初设权（如提供权、抗辩权），中央政府享有目标的终设权（如审批权、发布权等）。将原本中央政府独享的权力部分让渡给地方政府，并不仅是简单地增加地方政府提交目标设置草案这一程序，而是需要中央政府与地方政府重新审视自身的地位。地方政府的责任与权力来源于中央，却围绕目标实施着自我规制。中央是至高无上的，却又不是无所不知的，因而其围绕目标实施着元规制。依此设立的目标设置程序，既需要激励且督促地方政府启动目标的初设，又需要确保地方政府拥有足够的时间、空间与权限来完成目标的初设；既需要允许中央把握目标的最后确定，又需要将中央的权力限制于合理的“牢笼”内。目标设置程序是环境质量责任制度成败的关键，对此立法应当在充分调研、听取多方意见的基础上尽细、尽详，且保持开放的姿态，以便于根据实际情况进行动态调整。

再次，为地方政府实现目标拟定框架。尽管地方政府实现目标的环境治理过程不应受到中央的过度干涉，但绝不意味着这一过程是无限自由的，其必须受到法律框架与原则的约束。例如，地方政府不能制定允许低于中央标准的个体污染物排放标准。同时，又要在框架内给予地方政府充分的自主能动空间。考虑到现有环境立法已然建立了系统而全面的个体规制规则与罚则，未来环境立法无须全盘重建地方政府的环境治理框架，而应着重于地方政府治理权限框架的设计与现有个体规制条款和目标实现的对接。包括但不限于地方环境立法的激励与引导、地方治理的技术性支持与边界约束、个体规制的原则化与细节设定的权力下放等。

最后，地方政府未能实现目标后的中央干涉。以“一岗双责”“党政同责”为代表的个体追责机制应当保留，区域限批等机制应强化其政府纠偏作用，淡化其追责作用，并扩大限批的范围至交通、建设、能源等所有可能造成污染或影响环境质量的方面。同时，环境立法应当规定，若地方政府一直未能充分地履行环境质量责任，则中央有权直接介入、接管某一行政区域的环境治理，并要求地方政府为中央的介入与接管承担所有开支与成本。当然，面对中央的干涉，地方政府也应当享有合理抗辩与解释的权力。该部分与目标设置部分并行不悖而又互相协助，激励且督促地方政府履行环境质量责任，且为可能出现的客观失责提供补救方案。

第四章　地方政府环境质量责任的法律建构

第一节　地方政府环境质量责任的法律体系建构

一、法律体系中的国家环境质量义务

我国治理环境一直采用环境标准规则来对个体环境行为进行管理，而环境管理的环境标准规则是以排放污染物是否达到相应污染物治理排放标准为核心的。但是在环境管理实践中，对现实生活中纷繁复杂的、破坏生态环境的污染物排放浓度进行控制的环境治理方式，并不能达到合理控制污染物排放总量的效果，往往会造成污染物排放总量超过环境最大承受限度的不利后果。所以，我国转而开始在总量控制上对污染物排放进行更加严格的控制，即我国环境管理开始从"浓度控制管理"转型到"总量控制管理"，进而试图在一定的时间和空间范围内，确保区域单位的污染物排放总量不超过规定的限度值。从时间上推算，污染物排放总量控制肇始于第九个五年计划，并且在我国第十个五年计划时期，法律体系中已经有《海洋环境保护法》（1999 年）、《大气污染防治法》（2000 年）和《水污染防治法》（1996 年）等多部环境保护法律涉及污染物排放总量的相关设计与设置。

但在我国第十个五年计划时期，污染物排放的总量控制并没有真正地在法律实践中得以有效推广与贯彻。这是因为，虽然第九个五年计划就正式确认要对污染物排放进行总量控制，但从严格意义上说，这种确认并不具有法律效力。而《水污染防治法》（1996 年）和《大气污染防治法》（2000 年）等环境保护法律中虽然对污染物排放的总量控制进行了法律确认，但这种法律确认也仅是一种原则性的规定，尚在可操作性上存在相当的缺陷。[①] 因此，彼时污染物排放的总量控制只不过是一个原则性的

① 参见王春磊：《污染物总量控制制度实施中的若干问题研究》，载《政治与法律》2016 年第 12 期。

规定,或是一个发展与完善的口号,下位法没有具体性的规定,实践中并不具有可操作性,也难以对污染物排放者发挥出强制性效力。这种虚置的状况一直持续到第十一个五年规划。《国民经济和社会发展第十一个五年规划纲要》(以下简称《“十一五”规划纲要》)第一次在国民经济社会发展指标中引入“预期性指标”和“约束性指标”,并赋予约束性指标法律效力。具体到环境保护领域,它提出了要将主要污染物排放总量减少10%的约束性指标。而《国民经济和社会发展第十二个五年规划纲要》(以下简称《“十二五”规划纲要》)在《“十一五”规划纲要》的基础上,更进一步提出了要在化学需氧量、二氧化硫和氨氮、氮氧化物等污染物排放总量上分别减少8%和10%的多项约束性指标。上述法律体系中的总量控制目标主要通过以下三个方面得以实现。第一,国家层面确立污染物总量控制的指标。一般由国务院通过政策性文件予以明确。第二,地方政府层面对污染物总量控制进行贯彻执行。一般由国务院印发具体工作方案,将污染物总量控制的指标实施计划和细则分解到各个省级行政区域。第三,生态环境部门层面进行监督执行考核。一般由环保部门制定具体部门规章,对总量控制目标的实施进行统计和考核。在“十一五”规划、“十二五”规划和“十三五”规划期间,我国主要污染物排放总量控制取得了重要进展,完成了大量的节能减排任务,环境质量得到进一步提升。这充分证明了我国环境管理从“浓度控制管理”转型到“总量控制管理”的可行性和必要性。

然而,随着我国环境保护的进一步推进,总量控制管理的短板日渐凸显出来。如主要污染物减排效果与公众对环境保护的获得感不一致。有些地方的环境管理工作只以总量控制为目标导向,对纳入总量控制目标的单项污染物排放考核满分,但对未被纳入总量控制目标的污染物却选择性执法或者不作为,最终造成单项减排任务完成,但总体环境恶化的不利结果,引发公众对地方环境保护或者单项污染物总量排放管理的质疑。因此,单纯的污染物排放总量控制已经无法完全契合人民群众对生态环境保护的需要。为加强生态文明建设,切实提升普通民众对改善和提升生态环境治理的获得感与认同感,我国又开始将“总量控制管理”的环境管理转型升级到“环境质量提升”的环境治理。

2015年,党的十八届五中全会提出了“生态环境质量总体改善”的新要求。2017年,党的十九大报告进一步提出要“更好满足人民在……生态等方面日益增长的需要”。在2018年召开的全国生态环境保护大会上,习近平总书记强调,我国目前“已进入提供更多优质生态产品以满足人民日益增长的优美生态环境需要的攻坚期”[①]。基于上述重要文件和国家领导人论述可知，改善和提升自然生态环境已经成为党和国家作出的庄严政治承诺，以管理为核心的污染物排放浓度控制与污染物排放总量控制必须向以治理为核心的提升生态环境质量转型。实现环境质量的最终提升，是指导我国环境治理的根本导向，也是我国生态文明建设的核心理念，一切环境保护工作都要聚焦于这个大方向。可以说，从“十三五”规划开始，环境质量提升目标已经取代传统的污染物总量控制目标，成为彼时至当下我国各个国家机关必须大力完成的环境治理目标。

在相关研究中，既有研究直接将环境质量提升与环境污染防治相提并论，对其评价都统一沿用了单项指标评价法和综合指标评价法。这一做法并不恰当，环境质量提升应当有自身独特的评价标准体系。具体而言，应该根据我国颁布的《国民经济和社会发展第十四个五年规划和2035年远景目标纲要》以及各类不同环境领域的“十四五”生态环境保护规划（如《“十四五”海洋生态环境保护规划》）等权威性文本中确立的相关指标，来明确我国提升环境质量的总体目标要求。根据上述文本和评价体系，我国环境质量提升的总目标可以分为七个方面的子目标。七个子目标分别是空气质量提升、水环境质量提升、土壤环境质量提升、生态系统保护与修复、污染物排放总量减少、资源合理配置与高效利用、应对气候变化与绿色发展。而这七个子目标又可以具体细化分为多项具体指标，并且每个指标都有一定时间范围的环境改善具体要求。以海洋生态相关的环境质量目标为例，这些具体要求大体上可以分为两种：第一种是对未来预期达成的环境目标作出明确时间规定，如到2025年近岸海域水质优良（一、二类）比例达到79%左右，到2025年国控河流入海断面劣Ⅴ类水质比例基本消除；第二种是对单项环境指标的变化总量作出明确规定，如海洋自然岸线保有率不低于35%，推进50个左右海湾综合治理和美丽海湾建设等。

从近代国家演变的过程看，“国家目的与国家义务同时产生，实现国家目的最为主要的途径是国家义务”[②]。环境质量提升的目标是党和国家对人民作出的庄严承诺，自然是我国十分重要的国家义务。因此，要实现这个国家义务，就必须明确什么是国家义务。根据法学理论，义务是一

---

① 习近平：《坚决打好污染防治攻坚战　推动生态文明建设迈上新台阶》，载《人民日报》2018年5月20日，第1版。

② 蒋银华：《论国家义务概念之萌芽与发端》，载《广州大学学报（社会科学版）》2011年第7期。

种“被要求”,其通常要求义务承担者应权利享有者的要求而“必须”或者“应当”作为,因此,对于义务承担者来说,义务是一种约束被动或者主动负担。① 根据现代国家理论,国家义务这一概念是构成现代国家理论的基本范畴之一,也是现代国家的构成基础之一,更是国家权力正当化和国家合法性的基础。为了完成国家义务,国家必须积极行使权力,介入经济、社会和环境等领域,保障公民基本权利,实现社会长治久安等。

从国家主体视角看,国家义务具体体现为各国家机关依据《宪法》规定的职权积极作为,进而推动《宪法》中规定的各项国家义务落地,保障公民基本权利得以实现。从公民与国家的关系上看,规定国家机关完成国家义务是保障公民的基本权利的内在需要,任何一项公民权利,特别是社会性权利的实现,对应的都是国家负有保障权利的法定义务;从法治要求来看,国家义务的履行通常伴随的是国家机关行使《宪法》赋予其的国家权力,法无授权即禁止,任何国家权力的行使必须于法有据。这就要求国家义务必须在《宪法》中有明确规定。具体到国家环境质量义务上,其宪法依据是《宪法》第 26 条第 1 款,该条款规定,“国家保护和改善生活环境和生态环境,防治污染和其他公害”。也正是基于保护和改善环境的宪法依据,才能产生当前生态环境质量改善之国家目标。

二、地方政府环境质量责任与国家环境质量义务的互洽与实现

目前学界对国家义务的相关研究基本上可以分为两大类。一是对国家义务内涵的研究,具体可以细分为三种。第一种是把国家义务分为两类:积极义务与消极义务。第二种是把国家义务分为三类:禁止义务、风险义务和安全义务。第三种是把国家义务分为四类:环境保护义务、环境满足义务、环境促进义务和尊重环境权利义务。二是对国家义务具体内容的研究,主要分为三种,即保持义务、风险预防义务和危险防御义务。上述对国家义务的研究为研究国家环境质量义务的内涵积累了一定的基础。但相较于传统环境保护目标(如污染物总量控制目标),环境质量提升的目标具有其特殊性,因此相应的国家义务也有一定的特殊性,其对国家权力提出的要求也有一定的特殊性。对于国家环境质量义务内涵的界定,要在国家义务研究的基础之上,结合我国当前生态保护实践加以明确,其内涵具体可以细分为三个方面:第一,禁止倒退义务。禁止倒退义务是国家履行生态环境质量提升这一义务的前提,即要保证国家现行的

---

① 参见张翔:《基本权利的规范建构》,高等教育出版社 2008 年版,第 18 页。

环境保护质量水平不再降低。这是我国法律体系中关于保护和改善环境的内在诉求。根据禁止倒退义务的规定,必须禁止任何落后于现有国家环境保护水平的行为。国家可以修改法律体系中的任意法律细节,但不得制定任何降低现有生态环境保护标准的法律,也不得进行任何会使自然环境受到比目标更严重危害的行为,因此国家在完成生态自然环境质量改善义务时,其行为的环境标准必须高于现有环境标准。第二,环境规制义务。环境规制义务是指在禁止倒退义务的基础上,国家必须进一步采取措施来提升现有的环境质量。这是国家履行生态自然环境质量义务的主要内容。在现代法治国家,国家履行国家义务,主要是通过立法和行政两个方面来实现。具体到国家环境质量义务中,在立法方面,国家要制定完善的保护环境的法律体系,为国家行政机关履行环境保护职责提供法律依据;在行政方面,国家要在政府体制内明确地方各级政府改善环境质量的责任,或者建立新的保护环境的行政机关,不断完善环境保护管理体制。第三,权益保障义务。这是立法机关或者行政机关履行国家环境质量义务的保障。改善环境质量不是为了环保而环保,其最终目的是满足人民群众在改善环境质量过程中的获得感和幸福感。习近平总书记曾强调,"良好生态环境是最公平的公共产品,是最普惠的民生福祉"①。因此,用法律来保护公民在环境上的各种权益,如美国的"妨害侵权"制度、德国的"干扰侵害"制度和法国的"近邻妨害"制度等,都对公民的环境权予以法律救济,这也是国家完成环境质量义务的最终目的,是国家完成环境质量义务的根本保障。

明确好国家环境质量义务的内涵后,接下来要探讨的就是如何确保国家环境质量义务的落地生根。通过国家环境质量义务内涵中的环境规制义务,我们可以得知,要推动国家环境质量义务的实现,国家机关必须积极作为,履行保护环境的职责。根据我国现行《宪法》的规定,我国的国家机关可以分为以下几大类:国家元首、国家权力机关(立法机关)、国家监察机关、国家行政机关、国家军事机关、国家审判机关、国家检察机关等。根据各个国家机关的职责及其范围,在现实中与国家环境质量义务的履行有密切关系的国家机关主要包括三大类:国家权力机关(立法机关)、国家行政机关和国家审判机关。其中国家权力机关主要负责制定环境保护类法律,为国家环境质量义务的完成提供法律依据;国家行政机

① 中共中央文献研究室编:《习近平关于全面深化改革论述摘编》,中央文献出版社 2014 年版,第 107 页。

关主要依据《宪法》和国家权力机关制定的环境保护法律来完成国家环境质量义务;国家审判机关则是通过司法诉讼来完成国家环境质量义务。而这三个机关有着一个共同的链接枢纽——地方政府,地方政府既是自身中这三个机关的统领者与指挥者,也是上级这三个机关的服务者与实践者。所以,基于地方政府在我国政治运行和法律实施中的核心地位,以地方政府的视角进行国家环境质量义务的达成研究,就成为相关研究的重中之重。

法律与行政有着密切的关系。行政影响法律,法律反作用于行政。法律的存在根据、发展动因、实践基础和现实目的都受到行政的影响,而法律的制定最终也需要通过行政手段得以实现。在我国,地方各级政府位于我国现代化各项建设事业的核心,形成了中央与地方紧密相连的行政体制。所以完整的国家环境质量义务,不仅包含且融汇了地方政府的环境质量责任,而且最终需要通过地方政府履行环境质量责任而得到实现。

根据我国《宪法》的规定,各级人大及其常委会是我国的权力机关。我国权力机关分为中央和地方。我国最高权力机关是全国人大,地方各级人大是地方各级权力机关。根据我国现行《宪法》和组织法的规定,全国人大的职权范围包括修改宪法、制定和修改法律、合宪性审查、决定重大事项和罢免由其选任人员等;地方各级人大根据其相对应的行政级别享有不同的权力。在我国国家机构运行过程中,地方各级政府都要对同级人大及其常委会负责,受其监督。作为国家权力机关的各级人大对地方政府进行相应的监督,而地方各级政府需要履行环境质量责任,并以环境质量责任的履行程度接受人大及其常务委员会在环境治理上的评价。

我国国家权力机关最重要的职权就是立法权。作为成文法国家,在依法治国进程中,立法机关制定的法律是地方各级政府履行环境质量责任的源头,也奠定了地方政府履行环境质量责任的法治基础。根据我国《宪法》和《立法法》中关于立法权限和分类的规定,地方各级人大及其常务委员会有权制定地方性法规。由此可见,我国从中央到地方形成了从基本法律到一般法律,再到地方性法规的一元多层的立法结构,将国家环境质量义务与地方政府环境质量责任完整地结合了起来,梳理出了从国家环境质量义务到地方政府环境质量责任的谱系与脉络,并提供了地方政府通过履行环境质量责任进而实现国家环境质量义务的任务表与步骤表。例如,我国法律体系中宪法类法律的立法对象,一般是《立法法》中规定的法律保留事项。这些事项从内容上看,是国家环境质量义务的体现,都是一些关系到环境情境下国家基本政治、经济、社会等,关涉到国家环境大政方针,事关国家环保全局的重要事项。而法律体系中一系列具体的部门法,即使不是环境保护法律,也一定程度地将国家环境质量义务转化为了地方政府环境质量责任,如2020年5月28日通过的《民法典》。《民法典》作为我国近年来最重要的部门法律之一,其取得的众多创新就包括其在第9条中将绿色原则纳入了民事原则。这就是将国家环境质量义务转化为地方政府环境质量责任的直接体现。《民法典》确立的绿色原则,要求民事主体要节约资源,保护生态环境,同时也要求地方政府在处理民事法律关系时必须考虑环境保护这一问题,实质上是将公法领域的国家环境质量义务通过立法技术转入了私法领域中的地方政府环境治理。①

党的十八大之后把生态文明建设纳入中国特色社会主义事业总体布局,环境保护工作日益得到重视。虽然各地自然环境保护治理工作取得了积极的进展,但随着环保工作的推进,原有的生态环境监管治理管理体制和机制的弊端日益增多,已经远远跟不上现实中对环境保护的需求。因此,有必要建立起适应新时代生态文明建设的地方政府环境质量责任体系。现有的地方政府环境质量责任体系将对地方政府行政领导与行政人员的事后追责作为重要内容,尽管这一事后追责思路必须在未来的地方政府环境质量责任改革中予以扭转,但不可否认的是它确实对地方政府履行环境质量责任起到了一定的作用。我国《环境保护法》中对政府环境质量责任进行了规定,同时为了贯彻实施党中央提出的“最严格的环境保护制度”,我国又颁布了《党政领导干部生态环境损害责任追究办法(试行)》与《环境保护督察方案(试行)》,在环境保护领域确立了“党政同责”“一岗双责”的原则,为地方政府的行政首长与行政人员代表地方政府履行环境质量责任提供了一定的支撑。根据“党政同责”“一岗双责”的原则,如果出现生态环境破坏的情况,不仅要问责政府及其负责人,还要问责同级党委及其负责人。在环境保护领域,实行行政与党政同时问责,凸显了党在推动各级国家机关履行国家环境质量义务,督促地方政府履行环境质量责任的坚定决心。

在实践中,“党政同责”主要通过党中央在各地的环保督察工作得以实现。中央环保督察是党中央切实落实“最严格的环境保护制度”而创

---

① 参见陈海嵩:《〈民法总则〉“生态环境保护原则”的理解及适用——基于宪法的解释》,载《法学》2017年第10期。

制的新的工作机制,督察工作首先在河北省开展试点,总结督察经验。试点完成后,中央又进行了多轮多批次、覆盖全国范围的环保督查工作,极大地体现了各级地方党委和政府对环境保护的重视,解决了一大批以往积累的环境保护难题,并取得了明显的成效。但同时也要看到,我国现行的环保督察工作也面临着一系列问题,其中最突出的是法律困境,如环保督察制度在法律依据、组织结构和问责程序上都存在不足之处,亟须解决,否则将制约环保督察工作的开展。因此必须将我国环保督察工作纳入法治化轨道,用法律思维和法律方式对我国环保督察工作进行改革和完善,不断提升环保督察工作的法治化水平,让环保督察权受到法律的规范和控制,将政治化或者制度化的督察工作转化为法治化的督察工作。要相应地将环保督察制度法律化,让环保督察有法可依;将环保督察机构的地位予以法律化,让环保督察工作依法而为;将环保督察工作的程序法律化,让督察工作在法律的框架内运行。总而言之,需要在环境质量责任的视角下通过法律革新实现环保督察的发展与进步。后续章节会对此进行详细探讨,在此不再赘述。

三、地方政府环境质量责任视角下的法律体系建构

经过多年的艰苦努力与不懈探索,我国已经建立起以《环境保护法》为核心的环境保护法律体系,并将之融入整个法律体系之中。1979 年 9 月 13 日全国人大常委会颁布《环境保护法(试行)》;1989 年,全国人大常委会通过了当前正在施行的《环境保护法》初版;2014 年,全国人大常委会通过了对 1989 年《环境保护法》的修订法案。《环境保护法》由全国人大常委会通过,在我国法律层级结构中属于"一般法律"。但在环境类法律中却处于"环境基本法"的地位,充当着最基础性的角色。在 2014 年,全国人大常委会对《环境保护法》进行修订的前先后进行了两次公开征求公众意见,对修订稿也进行了四次审议,最终形成了针对我国环境保护重点问题积极回应的修订稿,也就是当前施行的《环境保护法》正式版本。围绕《环境保护法》而建立的环境保护法律体系是环境保护在整个法律体系的第一个层级。由于下节将会对《环境保护法》以及环境保护法律进行详细论述,因此在此不再赘述。

除环境保护法律以外,其他我国国家权力机关在法律层面为积极推动环境保护而制定的基本法律和一般法律,构成了环境保护在整个法律体系的第二个层级,即普通法律体系。根据《宪法》和《立法法》中关于立法权限的规定,我国地方人大等地方机构可以制定涉及生态环境保护的

地方性法规或者地方性政府规章。这是中央积极履行国家环境质量义务的一种重要方式。而根据《立法法》第 80 条的规定，省、自治区、直辖市的人大及其常委会根据本行政区域的具体情况和实际需要，在不同宪法、法律、行政法规相抵触的前提下，可以制定地方性法规。这种授权就是为了在国家基本法律或者一般法律缺位的情况下，地方立法权主体能够积极发挥地方自主性和能动性，进行地方立法。这是地方政府积极履行地方政府环境质量责任的一种重要方式。这种将地方立法权先行先试的立法模式，在现实的生态环境保护中发挥了积极的作用。例如，我国国家立法在湿地环境保护领域长期处于立法空白或者立法缺位状态，只有国务院部委制定了《国家湿地公园管理办法（试行）》和《湿地保护管理规定》。这两个部门规章不论是在法律效力等级，还是在法律制度和法律规制对象方面都存在不少短板，难以发挥保护湿地的实效。然而据统计，我国目前已经有数十部关于湿地保护的地方性法规和地方政府规章。这些保护湿地的地方立法，弥补了国家层面立法的缺失，是我国现行保护湿地的重要力量，也是地方政府在湿地环境保护中履行环境质量责任的极好体现。

科学立法只是国家权力机关为实现环境质量改善奠定的制度基础。然而“徒法不能以自行”，要将这些制定的环境类法律文本在现实中实现，还需要行政机关依法行政，保证权力机关制定出来的环境类法律的实施，这就是环境保护在整个法律体系的第三个层级，即环境执法体系。根据《宪法》和组织法的规定，国务院及地方各级政府是我国权力机关的执行机关，主要负责执行国家权力机关的重要决定、国家权力机关制定的国家义务或者国家目标，其中就包括国家权力机关制定的环境质量改善类法律的实施。国家权力机关实现国家环境质量义务的基本构造为改善环境质量描绘了一幅蓝图，地方政府的积极作为，也就是积极履行环境质量责任能把这幅蓝图变成现实。因此，地方各级政府在环境保护领域中具有重要的作用。在履行国家环境质量责任时，地方政府的角色非常重要，表现为在整个环境保护过程中发挥了主导和推动作用。因此，有人将我国环境保护的类型归结为“政府主导型环境保护”①，这种政府主导的环境保护类型也让公众对地方政府履行环境质量责任有了更高的期待。

地方政府在环境保护方面的主要职责在于对权力机关制定的环境类法律进行监管执法，保证环境类法律落地实施。然而，我国生态环境保护

---

① 洪大用等：《中国民间环保力量的成长》，中国人民大学出版社 2007 年版，第 63 页。

改善过程中一直存在的一个难题就是环境监管和执法难，这也是造成环境类法律在现实生活中难以落地的主要原因。因此，要建设生态文明，改善生态环境质量，必须系统性地改革以地方政府为中心的环境监管体制，增强环境监管执法的独立性和权威性。2013 年党的十八届三中全会对地方政府环境监管体制提出了“独立进行环境监管和行政执法”的改革目标。2014 年新修订的《环境保护法》强化了地方政府环境监管和执法的权威性与有效性。2016 年中共中央办公厅、国务院办公厅在发布的《关于省以下环保机构监测监察执法垂直管理制度改革试点工作的指导意见》中强调，要加强地方政府环保监管体制的垂直管理试点工作。试点工作首先在河北、江苏、重庆和上海等地开展，试点主要打破了以往环境监管属地管理的模式，将环境质量监察和环境质量监测职能统一收归省级地方政府行使，县级环保局为上级环保部门的派出分局，而市级环保局则实行省环保厅管理为主的双重管理。2020 年，我国环保监管垂直管理试点工作已经全面铺开。将环保监管体制由原来的属地管理转型为现在的垂直管理，增加了环境监管的独立性和权威性，极大地强化了地方政府尤其是省级地方政府履行环境质量责任的能动性。

司法是实现公平正义的最后一道防线。司法机关在我国国家机关履行国家义务、保障公民权利、实现社会公平正义的过程中，发挥着不可替代的重要作用，所以环境保护在整个法律体系的第四个层级是环境司法体系。根据我国《宪法》的规定，人民法院依法独立行使审判权，不受行政机关、社会团体和个人的干涉。随着我国生态文明建设进程的推进，社会和公众的环保意识不断增强，通过司法途径来寻求环境公共利益和个人环境权益的救济越来越多，这就需要司法机关积极履行国家环境质量义务，回应社会和民众关注的环境问题。为此，我国法院不断深化司法改革，用环境司法化的改革来有效回应生态文明建设的现实需要。环境司法化的改革涉及环境司法的理念文化、体制和机构等多个因素，需要司法机关创新审判机制或者制度，来遏制生态环境严重破坏、环境犯罪层出不穷的严峻现状。

2014 年，最高人民法院在其发布的《关于全面加强环境资源审判工作为推进生态文明建设提供有力司法保障的意见》(已被修改)中提出要创新审判机构，增设最高人民法院环境资源审判庭；2016 年，最高人民法院在其发布的《关于充分发挥审判职能作用为推进生态文明建设与绿色发展提供司法服务和保障的意见》中强调要转变审判理念，将绿色发展理念贯彻到环境资源审判实践之中。此外，最高人民法院还针对环境案件的特殊性,对传统的司法审判机制及其程序进行了创新,构建适应新时代生态文明建设与改善环境质量新要求的司法组织机构和审判工作机制,即"三审合一"的审理模式。[①] "三审合一"的审理模式是将民事、刑事和行政审判制度三者有机结合起来,共同服务于环境资源审判这一最终目的。最高人民法院对这一模式的创设正是环境司法体系中国家环境质量义务的一种实现。目前,全国地方各级法院已经普遍建立起专门化的环境资源审判庭。在此基础上,"三审合一"的审理模式得以在全国范围内推行,从而为实现环境资源案件专业化审理奠定了审判机构和审判机制的基础,也为司法机关履行改善环境质量的国家任务构建了制度框架。而依循"三审合一"审理模式,全国地方各级法院对环境资源审判庭的建立,以及对环境资源案件的审判,都是对地方政府环境质量责任的良好履行。

当然,最高人民法院提出的"三审合一"的审理模式,以及地方各级法院对环境资源司法的专门化探索,并非已至一劳永逸的最佳状态。事实上,学术界对于环境资源审判机构和环境类案件"三审合一"的审理模式有过争论,争论的焦点在于环境资源审判机构和环境类案件"三审合一"的审理模式的合法性、合理性和必要性。[②] 从目前的司法实践来看,各地环境资源审判庭审理环境类案件只是将关于环境类和资源类案件进行简单合并,采用的依然是普通的审判诉讼程序,尚未实践出异于传统环境司法案件的审判模式。不论是环境资源审判机构,还是环境类案件"三审合一"的审理模式,其中心思想在于针对环境类案件的复杂性和特殊性,在现有的审判基础上,整合出新的高效的审判流程,提高环境审判的司法公信力。从长远看,还需要在环境司法体系中建立起适合于环境审判的专门审判程序,并大力提升地方各级法院审理环境类案件的司法能力,方能保证环境司法体系中地方政府环境质量责任的履行,以及国家环境质量义务的实现。

第二节　环境质量责任的环境法律建构

一、环境法律中的环境质量达标机制

环境问题日益成为全球各国日益关注的共同问题,为了保护环境,治

① 参见陈海嵩:《环境司法"三审合一"的检视与完善》,载《中州学刊》2016 年第 4 期。

② 参见刘超:《反思环保法庭的制度逻辑——以贵阳市环保审判庭和清镇市环保法庭为考察对象》,载《法学评论》2010 年第 1 期。

理环境问题，各国都在关注环境法律责任的主体问题。到底是由企业或者个人来承担环境责任，还是由政府来承担环境法律责任？上文已经证实，承担环境法律责任最核心的主体应该是地方政府。这是因为目前环境污染、资源衰竭和生态破坏等环境问题呈现出全域性和全国性，甚至是全球性的特点，这种全域性且涉及全社会方方面面的环境问题，远非单个自然人或者单个企业所能承担、予以解决处理的。因此要治理环境问题，不能依靠让企业或者消费者来承担治理环境问题的主体责任的老办法。为了实现对环境问题的有效治理，国家在制定保护环境的政策法规时，必须将从消费者和企业采取措施的立法模式转变为从政府本身采取措施的立法模式。如果在立法设计上要制定一部真正负责任的环境法，那么这部法律必须是要求地方政府达成环境质量目标的法律。我国《环境保护法》迄今已有三个版本，即 1979 年试行版本、1989 年版本和 2014 年修订版本。1979 年试行版本和 1989 年版本中环境保护责任的主体多为“企业和消费者”。例如，1979 年试行版本中规定“依靠群众，大家动手，保护环境”；1989 年版本中规定“一切单位和个人都有保护环境的义务”。这两部《环境保护法》的立法模式都是将环境保护的责任设定在消费者和企业身上，而非设定在政府身上。真正将环境保护责任主体设定在政府身上的《环境保护法》是 2014 年修订的《环境保护法》。

2014 年修订的《环境保护法》在总则第 6 条第 2 款中明确规定“地方各级人民政府应当对本行政区域的环境质量负责”。与 1979 年试行版本、1989 年版本相比，2014 年修订版本第 6 条第 2 款的规定具有开创性，将地方各级政府达成环境质量目标确立为我国环境保护的一项基本原则，明确了地方各级政府对本行政区域的环境质量达标负责，还对各级政府在各自辖区范围内承担的达标任务提出了细化要求，明确政府必须采取以下三项措施来保证政府达成环境质量目标。一是在环境保护的财政投入方面，以更大的投入来实现预设的环境质量目标。治理环境是一个系统工程，不论是保护现有的自然环境，还是改善或者消除已经被破坏的自然环境或者已经被污染的自然环境，都需要投入大量的资金。这些资金大多是消费者和企业无法承担的，必须由政府来投入。《环境保护法》第 8 条规定，在保护和改善环境、防治污染和其他公害方面，各级政府要加大财政投入。诚如上所言，环境保护需要投入大量的资金，如果政府不加大在环境保护方面的财政投入，环境保护就会沦为一句空谈。《环境保护法》第 8 条是一项授权性规定，这意味着，为了保护和改善环境，地方政府在加大环境保护的财政投入方面享有一定的自主权。同时，《环境保护法》中明确规定各级政府要加大对环境保护的财政投入，既为各级政府达成环境质量目标提供了授权保障，又为各地政府达成环境质量目标创造了物质条件。

二是在环境保护规划方面，地方政府在规划设计和执行方面有了更高的标准。2014 年修订的《环境保护法》第 13 条规定，县级以上人民政府在制定国民经济和社会发展规划时，要把环境保护纳入其中。虽然 1989 年的《环境保护法》也有此规定，但 2014 年修订的《环境保护法》绝不是对 1989 年版本的照抄，而是在法律中对其进行了相应的制度保证。第一，2014 年修订的《环境保护法》第 13 条规定的纳入国民经济和社会发展规划的环境保护工作或者规划是由上级政府监督下级政府必须完成的工作。根据 2014 年修订的《环境保护法》第 13 条第 3 款的规定，地方政府在编制环境保护规划时，要以国家编制的环境保护规划为依据，即必须以中央下达的环境质量目标为准绳。而地方编制的环境保护规划事实上是对中央下达的环境质量目标在其地方的落实，不能违反国家编制的环境保护规划，因此其环境保护规划的编制要受到上级政府的监督。第二，除了国家环境保护规划，在国家层面，我国还制定了其他环境类的规划，如主体功能区规划、城乡规划和土地利用总体规划等。根据 2014 年修订的《环境保护法》第 13 条第 4 款的规定，环境保护规划要与主体功能区规划、城乡规划和土地利用总体规划协调一致，这就意味着环境保护规划绝不是各级政府只喊口号只讲政策的规划，而是能够在现实中切实发挥规范效力的规划。因为主体功能区规划、城乡规划和土地利用总体规划都是在现实生活中由地方各级政府保证切实执行的规划，为了保证地方各级政府制定的环境保护规划与中央下达的环境质量目标在执行中真正地保持一致，主体功能区规划、城乡规划和土地利用总体规划就必须统一在环境保护规划之侧，不能与环境质量达标这一最终目的相冲突或者相悖。

三是建立相应的环境保护目标责任制和环境目标考核制以保证和监督各级政府最终能达成环境质量目标。为了督促政府达成环境质量目标，2014 年修订的《环境保护法》在其第 26 ~ 27 条分别建立起了环境质量达标机制、对地方各级政府的环境目标考核机制和对地方各级政府的环境监督制度。环境质量达标机制与环境目标考核机制，是指地方各级政府要对本级政府中负有环境保护监督管理职责的部门和下级人民政府中负有环境保护职责的部门及其负责人的环境保护目标完成情况进行考核。而对地方各级政府的环境监督制度则是各级人大及其常委会要对地方各级政府完成辖区内的环境保护目标、辖区内环境保护现状和辖区内的重要环境事件进行监督。建立环境质量达标机制、环境目标考核机制和环境监督机制,可以有效督促地方各级政府、地方各级政府环境保护职能部门、地方各级政府负责人以及政府职能部门中涉及环境保护职责的部门负责人积极落实环境保护工作,有利于强化地方各级政府在达成环境质量目标时的主体意识。

2014 年修订的《环境保护法》开创先河,在立法中创设了环境质量达标机制,对其后的环境类法律的制定和修订都产生了重要的影响。例如 2018 年修正的《大气污染防治法》、2017 年修正的《水污染防治法》和 2018 年通过的《土壤污染防治法》等法律都延承了 2014 年修订的《环境保护法》中确立的环境质量达标机制。以《大气污染防治法》为例,其第 3 条规定"地方各级人民政府应当对本行政区域的大气环境质量负责",确立政府为大气污染治理、达成大气环境质量目标的责任主体。为了督促和监督地方政府达成中央设置的大气环境质量目标(如《大气污染防治行动计划》(又称"大气十条")中的空气质量目标),《大气污染防治法》在第 3 条中还规定了各级政府要把大气污染治理纳入国民经济与社会发展规划之中,并且要加大对大气污染治理的财政投入力度;其在第 4 条也确立了对地方各级政府达成大气环境质量目标情况进行考核的制度。从环境保护法律的发展与沿革来看,自 1973 年我国开启环境法治的建设进程起,在多年的法治建设历程中,我国环境保护的立法机制实现了重要的转变,即从对消费者或者企业的不法行为进行惩罚的惩罚性机制,转型到了既对消费者或者企业的不法行为进行惩罚,又要求地方政府达成环境质量目标的达标性机制。

二、地方政府环境质量责任与环境质量达标机制的联动与推进

自然环境是天然形成的,其是按照各种环境要素的自然规律综合演变而来的,而非人为创造的。环境的这种整体性和全域性的空间特点,势必也对保护环境的工作提出全域性和整体性的要求。因此在面对环境问题时,不能"头痛医头,脚痛医脚",而要按照整体性、全域性的思维来解决。作为个体的自然人或者法人显然无力解决这种整体性或者全域性的环境问题,甚至作为公权力的国家或者政府也会感到力不从心。因为不论是国家还是政府都是按照一定规则划分的区域进行管理的,国家行政权力难以对跨国或者跨行政区域的环境实施有效且全面的管控。对于那些跨行政区域的环境问题,如何协调各个行政区域的行政机关进行环境

治理工作,是摆在《环境保护法》面前的一道难题。而欲跨区域地让地方各级政府通力合作,首先需要让它们为统一的环境质量目标而努力,即需要以环境质量达标机制为基础,同时也需要明确地方各级政府必须为自身辖区内的环境质量负责,即需要以地方政府的环境质量责任为链接。所以,环境保护法律欲真正解决环境问题,离不开地方政府环境质量责任与环境质量达标机制的联动。

为了解决这一难题,2014 年修订的《环境保护法》就如何实现地方政府环境质量责任与环境质量达标机制的联动作出了制度安排。2014 年修订的《环境保护法》在 1989 年版本的基础上,规定在重点区域、流域环境污染和生态破坏治理方面,国家既要为地方各级政府设计统一的环境质量目标,又要明确地方各级政府的环境质量责任,从而实现跨行政区域的联合防治。《环境保护法》的上述规定,不仅是对环境保护的整体性与行政权力运行的区域性之间的张力的简单立法回应,更是在立法上详尽地配置了相应的配套措施。例如,2014 年修订的《环境保护法》第 20 条中规定的“四个统一”制度,即联合防治协调机制要严格执行“统一规划、统一标准、统一监测、统一的防治措施”。相较于 1989 年版本只规定跨行政区域的环境保护问题政府协调或者协商解决的原则性表述,2014 年修订的《环境保护法》第 20 条中规定的“四个统一”制度可以说是为地方政府环境质量责任与环境质量达标机制的联动提供了确切的法律标准。正是因为有了这“四个统一”制度,才使原本在法律中“隐约”展现的地方政府环境质量责任与环境质量达标机制更具有可执行性,并保证各个不同的地方政府在治理跨区域环境问题时,不至于采取“搭便车”的消极做法,而是对同一环境质量目标采取一体化的“规划”、“标准”、“监测”和“防治措施”,从而有效地实现政府环境质量责任的履行,创造出有效的跨行政区域的环境协同治理机制。

为了切实做到地方政府环境质量责任与环境质量达标机制的联动,环境保护法律必须对地方各级政府的环境质量达标情况与环境治理情况进行统一监测,尤其是对重点区域和流域的环境污染和生态破坏的统一监测。为此,《环境保护法》第 17 条规定了建立、健全“环境监测制度”,这一制度是为执行“统一监测”配置的制度。建立、健全环境监测制度,要求环保部门以及相关部门统一设置国家环境质量监测点,编制国家环境监测网络,并且要依法保证监测数据的真实和准确。这样,不同行政区域的监测点,不同职能部门的监测点,在“统一监测”的标准下,可以得出完整真实的环境监测数据,有利于中央统一指挥地方各级政府的环境治理,并基于这一准确的数据在跨行政区域范围内提出统一的环境质量目标。

环境保护牺牲者与环境保护受益者之间的利益平衡问题,也是联动地方政府的环境质量责任与环境质量达标机制亟须解决的难题之一。环境保护牺牲者主要是指付出环境治理努力而丧失机会成本的地方政府;环境保护受益者主要是指享受环境治理红利的地方政府。地方政府环境质量责任与环境质量达标机制的联动需要整体性规划,不同主体获得的利益也是整体性的,然而怎么平衡整体的利益与被牺牲掉的局部利益呢?目前给出的暂时性答案是生态补偿机制,即让因环境治理良好而获得利益的主体对为取得环境治理良好成效而作出牺牲的环境主体实施补偿。生态补偿制度实现了环境保护牺牲者与环境保护受益者之间的利益平衡。不过如何实施生态补偿呢?显然仅依靠地方政府与地方政府之间的协商是远远不够的。为此,2014 年修订的《环境保护法》建立起了以中央为主导的生态补偿机制。2014 年修订的《环境保护法》第 31 条第 1 款明确规定了"国家建立、健全生态保护补偿制度",而具体的实施方式就是《环境保护法》第 31 条第 2 款中提及的财政转移支付。当然,国家主导的生态补偿制度并不是排除环境主体按照市场规则达成的补偿协议,按照市场规则达成的补偿协议在现实中是与国家主导建立的生态补偿协议并存的。这两种补偿协议的存在可以更好地平衡环境保护受益地区与环境保护牺牲地区之间的矛盾,更好地保证地方各级政府积极打造跨区域环境保护联合机制,保证不论是环境保护受益地区的地方政府,还是环境保护牺牲地区的地方政府都能够积极履行其环境质量责任。

之所以要联动地方政府的环境质量责任与环境质量达标机制,是因为单一的地方政府往往无法独立完成环境治理的重任。因此,针对跨区域环境治理问题,必须加强跨行政区域环境问题范围内各个区域的地方政府之间的行政合作。然而,如何实现跨行政区域范围内各个区域的地方政府之间的合作呢?一个暂时的答案是《环境保护法》在第 44 条中设计的污染物排放总量控制制度。以往《环境保护法》面对环境治理难题往往针对的是具体的环境保护义务人的单个行为,但这种立法模式往往是"只见树木不见森林",不能达到环境治理的效果。而总量控制制度规制的对象不再是单个的某个人的行为,而是着眼于某个区域或者某种污染物的总体排放阈值。然后根据这一阈值再反向倒推单个主体的责任或者义务。事实证明,这样的环境治理方式更具实效。根据总量控制制度的要求,国家环保部门可以针对全国性或者跨省际的环境问题设定排放总量阈值,而这种同一环境区域内的全国性或者跨省际或者市际的排放总量阈值,就可以分解到各个跨行政区域范围的各个行政区域,由各个地方政府分别完成总量阈值中的一部分,这样通过化整为零的方式,就可以实现多个地方政府合作完成总量控制任务,从而实现跨行政区域环境保护任务的完成或者达标。

最后,联动地方政府环境质量责任与环境质量达标机制也给环境问责提出了难题。由于环境治理问题通常是同一环境问题涉及多个地方政府,如果这个环境问题没有得到治理或者出现环境问责事由,如何界定众多行政区域内多个地方政府的责任呢？要解决这个问题,首先要明确跨行政区域范围内各个地方政府自身的环境责任。可以说,跨行政区域范围内各个地方政府的环境责任有两个:一是自己辖区范围内的环境质量责任,二是超越各自辖区范围内的跨区域环境质量责任。对于前一个环境质量责任很好明确,而对于后一个环境质量责任的明确要处理好以下三个方面的关系:一是跨行政区域范围内各个地方政府之间的关系;二是环境保护受益地区与环境保护牺牲地区之间的关系;三是在总量控制视域下不同行政区域内各个地方政府之间的关系。

三、地方政府环境质量责任视角下的环境法律建构

与1979年试行版本、1989年版本相比,2014年修订的《环境保护法》有了很多制度性的创新和安排,然而这些制度性安排却无法实现政府履行环境质量责任的立法目标。之所以出现这种困境,其中一个重要原因就在于我们现在的法律文化与法律设置尚不能为政府环境质量责任的立法目标提供文化基础和体例支撑。因此,环境保护法律应当从法律文化与法律设置两个方面来完成环境质量责任视角下的建构。

法律文化的建构源于法律本身,同时又通过学界等超脱于法律本身。在现在的法律文化体系中,关于政府环境质量责任的知识是一个薄弱点。虽然《环境保护法》在总则中宣称要让地方政府为辖区内的环境质量负责,但现行的环境保护法律很少有对《环境保护法》确立的政府环境质量责任进行积极回应的。这主要是因为从现有法律文化来看,责任即"不利后果",法律中的"责任"也就是违反法律规定而受到法律的制裁或者惩罚或者承担不利的法律后果。在这个认知基础上,地方政府认为环境质量责任就是自己不履行环境保护义务而受到国家权力机关的问责或者"投反对票"。而司法机关对地方政府环境质量责任的理解则是对政府惩罚的法律武器。例如,最高人民法院将《环境保护法》和其他环境类法

律当作惩罚污染环境、破坏资源犯罪的法律武器，并不断以司法解释的形式作出一些政府环境质量责任以外的新的法律要求，或者提出一些与政府环境质量责任无关的司法新要求。例如，最高人民法院出台的《关于全面加强环境资源审判工作为推进生态文明建设提供有力司法保障的意见》。最高人民法院出台的这些意见，只是增加了人们关于环境保护的认知与法律意识，而不是关于政府环境质量责任创新的增量。最高人民法院出台的司法文件增加的关于环境保护的法律知识看似新潮，实则只是沿袭了法律惩罚主义的司法模式，而非真正以政府环境质量责任为中心的知识创新。

在现实生活中，不论是社会个体，还是专门的涉及环境的司法机关或者环境执法类的机关，其文化认识都是受到新的知识浪潮的推动。但现有的环境保护法律尚不能为环境质量责任提供足够的文化支持，这导致环境质量责任并不为大多数人所认同。其典型就是《环境保护法》对地方政府环境质量责任的“宣而不为”。而这种社会关注度的降低，也势必造成政府环境质量责任实施的“冷场”。虽然从中央到地方一直都在倡导政府环境质量责任，政府环境质量责任的实施也一直都是热点，但政府推动的热点与社会大众关注的热点并不总是一致的。例如，各级政府关注的热点是环境执法问题，社会舆论关注的热点则是擅自更改环境保护规划的大案要案。虽然2014年修订的《环境保护法》被称为“史上最严”的环保法，但人们的关注点都是《环境保护法》处罚个体或者消费者的轻重，而对于政府环境质量责任却无人问津。在《环境保护法》修订后，国务院办公厅印发了《关于加强环境监管执法的通知》。该通知中强调的是政府作为执法者对违反环境法律规定的环境义务主体的惩罚，如开展环境类执法稽查、加大惩治力度等；其中在政府责任方面，该通知关心的是各级政府主要领导干部的守法和执法问题，即执行环境保护类法律或者政策等，而不是关心他们设定的环境质量目标是否合理，他们为完成环境质量目标而采取的措施是否充分恰当等。习近平总书记曾强调过“法律的生命力在于实施”①，地方政府环境质量责任作为环境保护法律的核心内容，要发挥保护环境的实效，必须得到真正的实施运用。也就是说，以环境质量责任为核心的法律文化建构，应该是地方政府环境质量视角下环境法律建构的重要内容。

---

① 习近平：《关于〈中共中央关于全面推进依法治国若干重大问题的决定〉的说明》，载《求是》2014年第21期。

环境质量责任在法律文化上的缺失，并不是在2014年修订的《环境保护法》颁布之后才出现的，而是先天就存在的。事实上，除了文化认同不足以外，2014年修订的《环境保护法》对地方政府环境质量责任的设置也存在先天不足之处，即支撑《环境保护法》中地方政府环境质量责任的多项子制度存在若干不足之处。

首先，《环境保护法》虽然确立了地方政府环境质量责任原则，却没有明确地方政府所负环境质量责任的标准是什么。例如，关于水质的界定标准、关于大气清洁度的界定标准、关于沿海地区自然海岸线现有保存度的质量标准、关于海洋生物多样性程度的质量标准等。虽然上文提及的总量控制制度有利于跨行政区域环境保护的跨界问题的解决。但《环境保护法》中的重点污染物排放总量控制制度绝不能包办一切环境污染问题。对于大气污染物、水污染物等可量化的污染物而言，总量控制制度是清晰可辨别的。但对于其他环境质量问题，如生物多样性而言，总量控制制度就没有那么确切了。此外，虽然《环境保护法》确立了重点污染物排放总量控制制度，但我们在此部法律中仍然找不到能够对环境质量责任的履行提供切实有效帮助的其他配套制度。

其次，为了保证跨区域的地方政府履行环境质量责任，《环境保护法》确立了财政转移制度。但是，对于获得财政转移支付的对象区域的界定以及财政转移支付的实行办法，《环境保护法》并没有明确规定，这就使该法中的财政转移制度成了原则性或者宣告性的规定，无法切实为地方政府履行环境质量责任提供经济支持。

再次，为了保证跨行政区域范围内各个地方政府之间的联合防治协调机制真正运行，《环境保护法》确立了"四个统一"制度。"四个统一"制度看似完美地解决了保护跨行政区域范围内各个地方政府之间的联合防治协调机制的执行细节问题，但环境保护法律却忽视了这些细节执行不能的后续监督问题。例如当重点区域、流域范围内具体行政区域内某个地方政府不履行"四个统一"制度，无法形成"四个统一"制度预想的"联合防治协调机制"时，其他的各个地方政府有什么权力来督促不履行"四个统一"制度的地方政府履行这个制度，《环境保护法》对此并没有任何规定，这样就极易导致个别地方政府"搭便车"，造成联合防治协调机制无法发挥统一协作的实效。法律文化认同的先天不足，再加上《环境保护法》中为了保证政府环境质量责任的子制度的先天不足，这双重的先天不足可能致使政府环境质量责任难以在环境保护实践中发挥实效，因此《环境保护法》是一部尚需进一步完善改进的环境法律，只有进一步系统地阐释和全面贯彻地方政府环境质量责任原则及其制度，才能强化政府环境质量责任。

最后，为了督促各级政府积极履行环境质量责任，环境类公益诉讼一直都是学界和社会呼吁的立法建议。然而不论是2012年修正的《民事诉讼法》，还是《环境保护法》，都没有将环境类公益诉讼纳入其中。一直到2015年国家开始在地方试点检察公益诉讼，两年后全国人大常委会正式将公益诉讼纳入我国《民事诉讼法》和《行政诉讼法》之中，成为近年来我国诉讼制度改革的最大亮点。从最高人民检察院的环境类公益诉讼改革试点，到全国人大及其常委会将这种地方环境司法改革纳入法律之中，都展现出环境类公益诉讼在司法和立法机关实践中旺盛的制度生命力。然而我们在《环境保护法》中却看不到将司法和立法实践中的这种生命力与地方政府环境质量责任结合起来的迹象。

总的来说，在法律设置上，当前我国环境保护法律对地方政府环境质量责任的法律设置尚处于停滞阶段。地方政府环境质量责任是环境保护法律的一项法律创新和法律实践。法律的生命在于实践运用，但法律更好地实践与运用离不开法律的创新和发展指导，这里的法律创新既包括法学理论的创新，也包括法律本身的创新。此处所言的创新则是指实践与理论相结合的创新，具体而言就是立法机关或者学术界对于法律新内容的扩展和解释，而行政机关和司法机关则将这种立法上或者学理上的新扩展或者新解释运用到立法实践之中。由此观之，我国地方政府环境质量责任法律设置的创新，目前仍在停滞阶段。例如，针对《环境保护法》，我国最高人民法院和最高人民检察院都出台了一些司法解释或者司法文件在司法实践中对法律实践予以创新，但其中并未涉及有关地方政府环境质量责任的制度和规范。因此可以说，地方政府环境质量责任及相关规范司法实践以及行政执法尚处于停滞阶段。所以，欲真正让地方政府履行环境质量责任，需要以环境质量责任为核心去对法律设置进行革新与重置，从而真正完成地方政府环境质量责任视角下的环境法律建构。

第五章　环境质量责任视角下的制度建构（污染防治篇）

第一节　环境质量责任视角下环保督察制度的革新

一、环保督察制度概述

环境法治是环境治理的重点所在，也是解决环境问题的核心路径。历经多年艰辛探索与不懈奋斗，我国环境法治已然形成了具有中国特色的制度体系与实践道路，为共建人类美好家园提供了“中国方案”和“中国经验”。其中，环保督察被证实是解决环境法治科层制困境的有效方式。但围绕环保督察功效的延续，却产生了截然不同的两类观点：一部分学者认为，应当将环保督察常态化，将运动式治理制度化，形成“科层—运动”式的新环境法治体系；[①]也有学者认为，运动式治理与科层制存在天然的矛盾，运动式治理的内核决定了环保督察无法内嵌于环境法治的科层制中。[②] 事实上，论辩双方关注环保督察的运动式治理这一形式，却忽略了环保督察的核心动因：让地方政府真正地为环境质量负责，继而导致论辩的方向性“失焦”。因此，应当回归环境治理的规范命题——政府环境法律责任，试图在剥离运动式治理形式的前提下构建延续环保督察功效的新制度。

我国环境法治的体制设计依托于已有的行政体制建构，具有典型的科层制意味。科层制是马克斯·韦伯将各类治理实践还原为组织现象的一种尝试。他认为，组织的本质特征体现了一种“命令—服从”关系，是“支配者—机器—被支配者”之间具有的一种独特的分配、命令权力的体制机制。[③] 反映在我国的行政体制建构上，表现为自中央至地方的层级

---

① 参见冀鹏飞：《论中央生态环境保护督察制度的法治化——以〈中央生态环境保护督察工作规定〉为中心》，载《环境保护》2019 年第 14 期。

② 参见戚建刚、余海洋：《论作为运动型治理机制之“中央环保督察制度”——兼与陈海嵩教授商榷》，载《理论探讨》2018 年第 2 期。

③ 参见［德］马克斯·韦伯：《支配社会学》，康乐、简惠美译，广西师范大学出版社 2004 年版，第 18 页。

结构：以全国人大、国务院等中央机构为代表的支配者，以省级政府、基层政府以及中央部委垂直管辖的政府部门等地方政府为代表的“机器”，直至以个人、企业等为代表的被支配者。[①] 各类治理的实践是支配者依靠一个等级制的权威机构与配套的规则体系，以有效地实现其目标的过程，遵循“权威—规则—惩罚”的运行模式。这种模式反映在我国的环境法治中，表现为中央政府通过立法等手段发布最高层级的环境法治决策，依靠权威建立个体行为的规则体系，地方各级政府将最高决策转换为地方立法、环保执法与环保司法，以“非人格化”的状态（机器）依据规则实施具体的环境治理行为（以个体环境行为规制为主）。

在科层制的理想状态下，作为精确、迅速、明确、持续、谨慎、统一、严格服从的“机器”，地方政府能在效率上实现中央决策转化与环境法治的最优。然而，我国的地方政府并不完全符合科层制为其预设的“机器”角色，而是表现出具有一定自身利益考量的“人格化行政”色彩，其会对最高决策执行的成本与收益进行权衡，通过选择性或变通性地贯彻决策来实现自身利益的最大化。[②] 尤其是在环境法治中，当延时性获得、非独占性获得的环境利益与经济利益相冲突时，人格化行政的地方政府更容易将原本中央政府的环境法治决策向更符合自身短期、经济利益而非更符合长期、环境利益的方向扭曲。尽管人格化行政的地方政府可以做到“灵活机动、超越常规，以及应对不同的现实”，从而解决传统科层制“在面对环境变化、时代变迁与决策失误带来的挑战时，常常无法有效创新与缺乏应对”的问题。但在环境法治领域，“变通”这一优势仍不及“扭曲”这一劣势。具体表现为环境法治中的政府权力寻租、选择性环境执法（规制低税收企业而忽视高税收企业等）、变通性环境治理（将良田改为建设用地而将贫瘠之地划拨为农业用地等）等现象。

为了应对科层制结构在环境法治中表现出的不足，以环保督察为典型代表的运动式治理应运而生。在各类治理活动中，存在良性违宪、信访制度和运动式治理等多种科层制困境的应对方式，但在环境法治中，最常用且评价最高的是运动式治理。运动式治理经常以专项治理行动、突击检查督察等形态进行，通过暂时打破科层制固有结构、打断科层制原有运作过程，以政治动员的方式监督、迫使地方政府按照中央意愿贯彻实施中

---

① 参见景跃进、陈明明、肖滨主编：《当代中国政府与政治》，中国人民大学出版社 2016 年版，第 186 ~ 187 页。

② 参见郁建兴、高翔：《地方发展型政府的行为逻辑及制度基础》，载《中国社会科学》2012 年第 5 期。

央政策。一方面,环保督察展现出了强大的环境违法规制效果;另一方面,环保督察实现了短期内、极其有效的环境质量提升。

环保督察取得了如此瞩目的成绩,几乎所有的学者都将之归因于环保督察的运动式治理形式。由于运动式治理能将科层制中的行政问题转化为政治问题,[①]因而在中央政策的执行上比科层制更具优势:一是广泛的社会动员,激发了公众的参与热情,为治理效率的提高提供了充沛的社会动能;二是实现了中央决策与社会治理行为的更有效对接,减少了科层制运作在中间传承中的扭曲、阻挠和过滤,确保中央决策的完整落实;三是增强了法律和中央决策的权威,推进了全社会在环境治理活动中对中央决策的认同。但是,同样是因为运动式治理这一形式,环保督察也受困于长期可持续性的局限。换言之,每轮环保督察是临时性、非常规性的,不能如同体制一般保持长期稳定。而每轮环保督察的结束,往往也意味着环保督察已经取得成效出现反弹:最为直观的就是环境质量在环保督察结束之后的报复性下降。

为了解决环保督察的这一局限,有学者从"制度化是组织和程序获得价值观和得以稳定化的跃迁过程"这一理念出发,提出将环保督察常态化、制度化,通过提升环保督察的立法层级、改变环保督察机构的法律地位,强化环保督察的问责程序等方式,构建"科层—运动"式的新环境法治体制。[②] 首先,提升环保督察的立法层级的原因是当下环保督察的权力来源于国务院特别授权,常态化的需求要求法律必须给予其足够的效力支撑。具体措施包括为环保督察专门立法(行政立法与党内法规)和提升专门立法层级。其次,改变环保督察机构的法律地位是为了确保环保督察机构的权威与强势。具体措施包括高配国务院环境保护督察工作领导小组、突破环保督察中心"一事一委托"的局限、增加中央巡视工作领导小组有关环保督察的任务等。最后,强化环保督察的问责程序是因为受制于前两者的局限,环保督察在问责程序上存在被诟病的瑕疵。具体措施包括将启动程序由依中央指示启动转变为依职权启动与依申请启动、规范问责的调查与核实程序、全面公开问责结果等。

持相反观点的学者则认为,环保督察的常态化、制度化并未改变其运动式治理的本质,只是试图完成科层制中的运动式治理内嵌,而这一内嵌

---

① 参见文宏、崔铁:《运动式治理中的层级协同:实现机制与内在逻辑——一项基于内容分析的研究》,载《公共行政评论》2015 年第 6 期。

② 参见陈海嵩:《环保督察制度法治化:定位、困境及其出路》,载《法学评论》2017 年第 3 期。

仅能解决环保督察难以为继的问题，却不能从根本上确保运动式治理与科层制体制的和谐共生。[①] 运动式治理是通过不断“搅碎”科层制体制稳定结构与运作程序来发挥作用的，同时它也在不断地削弱与侵蚀科层制，继而对科层制的合法性进行侵蚀，从而阻碍治理的长远效果。从治理主体的视角看，运动式治理的主体（如行动小组）在高效执行中央政策的同时，也架空了地方政府的行政地位与合法效力，并在运动式治理结束后持续削弱其威信和治理效率。在运动式治理时，运动式治理的主体以外力强迫的方式，架空地方政府的行政地位与合法效力，直接介入或替代地方政府行使治理权。而在运动式治理结束后，科层制体制名义上恢复了地位和效力，但地方政府的畏惧与公众期盼的心理落差会无形中削弱政府的威信和治理效率。[②] 从治理规则的视角看，运动式治理会在“治理运动”开始前后形成形态与标准不一的弹性规则，打破了优良治理的基础——长期稳定的规则与主体对规则的不可僭越。从治理路径的视角看，运动式治理导致政府与公众在路径上更依赖运动式治理而非科层制下的制度治理，继而也削弱了完善治理制度的动力，转而关注调动资源推动运动式治理的反复。综上所述，“科层—运动”模式并不如预想中的稳定与完善。

在逻辑推演上，反方观点似乎更具说服力。但从我国客观情况着眼，当下科层制问题依然突出、环境治理形势依然严峻、地方政府的自利与环保意识淡薄依然不能在短时间内改变，迫切需要环保督察持续地发挥效用。并且，反方观点亦未能提供较“科层—运动”模式更为优良的方案。因此，截然不同的两方观点、理论分析与客观需求的各擅胜场导致论辩（如何延续环保督察功效）一直悬而未决。

二、环保督察制度的目标治理优势

地方政府的人格化行政是环境法治科层制困境的直接原因，而当下环境法治的法律设置又为人格化行政提供了制度空间。《环境保护法》第 1 条明确宣告“为保护和改善环境……制定本法”，也就是说，环境法治预设的目标是“改善环境”。同时，《环境保护法》用了大量的篇幅为个体设置环境行为规则以及违反规则后的罚则，说明中央试图通过“规制

---

① 参见郭施宏：《中央环保督察的制度逻辑与延续——基于督察制度的比较研究》，载《中国特色社会主义研究》2019 年第 5 期。

② 参见丁轶：《反科层制治理：国家治理的中国经验》，载《学术界》2016 年第 11 期。

个体环境行为”的手段来实现“改善环境”的目标。对于地方政府而言，贯彻中央环境法治的命令就具化为通过规制个体环境行为来改善环境，即履行“监督个体环境行为以及惩罚不法环境行为”的监管责任。

但是，政府在此逻辑下的责任履行，未必能实现中央欲实现的改善环境的目标。如果以惩罚违法率来考核地方政府对个体环境行为的监管责任，则可能出现个体违法率高且惩罚违法率高的局面。这是因为传统法治中“违法必究能有效威慑违法者违法欲望”的预想较难在环境法治中得到充分实现。《环境保护法》通过惩罚不法行为而给予违法者的惩罚往往不及违法带来的经济效益，即使惩罚违法率上升至100%的高度，个体依然可能选择通过受罚来获得违法收益。此外，传统行政法中的“一事不再罚”原则也可能对个体选择通过受罚来获得违法收益产生激励。但由于惩罚违法率是地方政府履责的考核指标，上述问题导致的环境法治中违法率高的局面并不影响地方政府“良好履责”的评价。结果就是在指标上呈现政府良好履责，但实际上个体依旧大量违法，环境亦未能得到改善。如果以个体违法的数量来考核地方政府的个体环境行为监管责任，则可能出现个体违法率低而环境未能改善的局面。这是因为环境质量既取决于个体环境行为的“质量”，也取决于个体环境行为的数量。以大气污染防治为例，《大气污染防治法》规定机动车必须确保尾气排放达标，且全国已经基本做到了绝大多数机动车按照标准排放尾气，但即使排放标准从国三提高到国四直至当下的国六，机动车尾气排放依然是全国大气氮氧化物与颗粒物污染的主要来源。并且，《大气污染防治法》也很难在短时间内推动更为严苛的机动车尾气排放标准。这一局面并不局限于大气污染防治领域，水污染防治与农业污染防治等领域亦是同理，结果就是个体违法率低，而环境未能改善。由此可见，《环境保护法》规定的政府环境监管责任，只能使政府对“实施监管”负责，而并不能直接转化为要求其对“改善环境”负责。

地方政府履行环境监管责任，即贯彻中央设置的规制个体环境行为的手段，并不等同于贯彻中央命令的改善环境目标。从逻辑关系上看，规制个体环境行为这一手段是实现改善环境目标的必要条件，而非充分条件。换言之，欲改善环境必须通过规制个体环境行为这一手段，但实施了这一手段，未必能实现改善环境之目标。在传统法治中，规制个体行为是实现法治目标的有效手段。并且在微观情景与环境法治的历史进程中，规制个体环境行为都展现出显著的成效。[①] 因而,《环境保护法》将自身定位为监管之法,将地方政府的环境法律责任定义为环境监管责任是客观的理性选择,但这一选择遇到了人格化行政的地方政府,则为其提供了“扭曲”中央命令的空间:将原本作为实现目标的规制个体环境行为手段等同于改善环境目标本身,并以手段的履行代替目标的达成。

手段与目标的替换,源于地方政府的自利属性,但单纯关注地方政府自利的论辩双方并未注意到行政主体的自利与个人的自利是截然不同的。个人的自利是纯粹基于自身的利益考量而作出倾向性选择,而行政主体的自利是在社会治理全局中对中央命令的倾向性选择。如果说个体自利的主因是个体内在的自主意识驱使,外在环境仅是反射个体自主意志的外因。那么行政主体的自利则刚好相反,外在环境(中央命令的任务内容与制度体系的约束激励)是其主因,而内在的“意识”仅是自利想象的一种比附。解读行政主体自利的视角不同于解读个体自利,应当注重从中央命令的任务内容这一根源性因素着手,继而延展至制度体系的约束激励。[②] 对于中央命令赋予的各类任务,有学者将之区分为硬性任务与软性任务。硬性任务是直接清晰(可直接量化)、行政付出与政绩取得成正比的任务,而软性任务是较难量化、行政付出与政绩取得缺乏显性联系的任务。以手段代替目标,往往出现于软性任务的情境,这是因为对软性任务无法以传统的政绩考核方式进行考核,而只能围绕在执行任务时留下的行为痕迹进行考核。换言之,自利属性引发的是地方政府法律责任上行为性与目标性的矛盾。在软性任务情境下,任务履行的结果无法明确裁量,故只能通过执行任务的行为来判别责任履行与否。相较于其他治理任务,环境治理属于软性任务,其中地方政府付出的收益往往需要历经很长时间才能得到兑现,而相应成本(如 GDP 的下降)则在短期内就会直接显现。尽管环境治理被置于“一票否决”的考核内容中,但这依然没有改变其软性任务的实质。以惩罚违法率或个体违法数量来考核任务的完成情况,是基于软性任务结果难以量化考核的特质。从这一角度来说,环境治理的科层制困境的实质是地方政府以规制个体环境行为手段代替了改善环境目标,即以行为性责任代替了目标性责任。

纵观环保督察的历史,其运动式治理的形式从未改变,但核心动因却

---

① 参见包群、邵敏、杨大利:《环境管制抑制了污染排放吗?》,载《经济研究》2013 年第 12 期。

② 参见周振超、张金城:《职责同构下的层层加码——形式主义长期存在的一个解释框架》,载《理论探讨》2018 年第 4 期。

经历了从“确保企业遵守规则”到“确保地方政府为环境质量负责”的转变。2014 年至 2016 年原环境保护部对 30 余个地方政府行政首长的约谈显示,约 6% 的约谈源于某一(些)具体的个体环境行为(数据监测造假、违规建筑施工),7% 的约谈源于地方政府的环保基建落后,40% 的约谈源于地方政府对个体环境行为的规制(规制程序瑕疵与监管不到位),47% 的约谈源于地方政府未实现区域内的环境质量改善(10% 的约谈源于减排目标未完成,14% 的约谈源于水污染严重,23% 的约谈源于空气污染严重)。[①] 与 2014 年之前的环保督察数据进行对比,不仅可以清晰地看到运动重点从“督企”向“督政”的转变,更可以发现“督政”中的“政”不再局限于地方政府对个体环境行为的规制,而已经延展至区域内的污染控制与环境质量。如果说科层制困境中的地方政府以行为性责任代替了目标性责任,那么 2014 年之后的环保督察则重新将目标性责任赋予了地方政府。同时,辅以环保约谈这一柔性惩戒手段,形成了“行为性责任/目标性责任→约谈追责”式的政府环境法律责任体系。2016 年之后,“环保督查”发展为“环保督察”。一方面,在原有的地方政府这一责任主体之上增加了党委这一新的责任主体,并要求行政首长在环境法治领域既承担行政责任,又承担党内责任。另一方面,进一步明确了地方政府应当在环境法治中承担“行为性责任 + 目标性责任”的复合责任。通过环保督察的历史沿革可以发现,环保督察解决科层制困境的逻辑不仅是因为运动式治理可以直面地方政府,从而消弭地方政府的自利空间,更是因为添加了目标性责任之后,将中央命令与地方政府的环境行政进行了无缝衔接,纠正了地方政府的责任偏差,确保规制个体环境行为这一手段服务于改善环境这一目标,而非继续受限于手段本身。

上述分析,为化解论辩——寻找到一条摆脱运动式治理形式但又延续环保督察功效的制度路径,提供了可行性论证与逻辑起点。在环保督察中发挥决定性效用的是目标性责任的加入,说明环保督察的运动式治理形式并非新制度之必需。新制度的逻辑起点应当是要求并确保政府为“行为性责任 + 目标性责任”的复合性责任负责,鉴于当下环境立法已然为地方政府设立了丰富而完整的行为性责任体系,因此探寻新制度路径的关键在于如何持续而非暂时、制度性而非运动式地赋予地方政府目标性责任,并确保其为之负责。

---

① 参见王惠娜:《环保约谈对环境监管的影响分析:基于 34 个城市的断点回归方法研究》,载《学术研究》2019 年第 1 期。

三、以环境质量责任延续目标治理

地方政府环境法律责任的二分法源于一项基础共识：成熟的政府环境法律责任既需要清晰的责任内容，也需要以失责后追责等方式确保责任的履行。构建以目标性责任为核心的法律制度也应当从责任内容与确保履责两方面着手。

目标性责任是地方政府法律责任的一种质性分类，在此之下，仍然可以区分出不同的、具体的责任标准。其中，环保督察展示了环境法治中污染控制与环境质量这两类标准表现出来的目标性责任。《环境保护法》第26条规定，“国家实行环境保护目标责任制和考核评价制度”，尽管该条被置于“监督管理”一章之中，但通过进一步对环境保护目标考核文件的分析，可以清楚地发现对地方政府的责任的考核已经开始从行为性责任转向目标性责任。2016年12月，中共中央办公厅与国务院办公厅联合发布的《生态文明建设目标评价考核办法》第10条第1款规定，“目标考核内容主要包括国民经济和社会发展规划纲要中确定的资源环境约束性指标，以及党中央、国务院部署的生态文明建设重大目标任务完成情况”。以污染控制和环境质量为指标要求地方政府为之负责，其实是要求地方政府对区域内的总体环境行为而非区域内某一或某些个体环境行为的规制负责。对总体环境行为负责，并不代表地方政府规制的直接对象是总体环境行为，而依旧是个体的环境行为。但考察的重心不再是惩罚了多少环境违法行为，以及还存在多少环境违法行为，而是跳过环境违法行为的多寡与受惩罚与否，关注环境合法、违法行为实施后是否制造环境污染、制造了多少环境污染与污染后环境的好坏。如果说行为性责任采用的是一种个体行为规制的思路，那么目标性责任采用的就是一种总体行为规制的思路，从而扭转了行为性责任中地方政府以规制个体环境行为手段代替改善环境目标的科层制困境。

那么，同为目标性责任，污染控制与环境质量这两类标准是否还有优劣之分呢？为了回答这一问题，在此考察一项以污染控制为标准的目标性责任制度——总量控制制度。《环境保护法》第44条规定，“国家实行重点污染物排放总量控制制度。重点污染物排放总量控制指标由国务院下达，省、自治区、直辖市人民政府分解落实”，总量控制制度由国务院下达具体的排污总量目标，并要求地方政府为排污总量达标与否负责。排污总量目标表现为一定区域内不同污染物的排放“数量”指标，直观地反映了区域内的污染控制情况，因而它是以污染控制为标准的目标性责任制度。它预设的逻辑是“政府实现对排污总行为的良好规制→排污总量降低→环境改善”,但实施情况并不如预设般完美。以大气污染物总量控制为例,“十五”计划期间总量控制目标基本落空;“十一五”规划、“十二五”规划期间化学需氧量指标与二氧化硫指标完成总量控制目标,氨氮指标接近总量控制目标,剩余指标或超时完成或未完成;“十三五”规划期间部分总量控制目标完成进度不佳。① 针对总量控制制度的研究多围绕如何确保地方政府按时完成总量控制目标。但也有部分学者更进一步,他们反思总量控制目标的设计是否科学合理,现有的总量控制目标是中央依法发布的普适性指标,存在三个严重问题:第一,指标未能涵盖所有的污染物,导致指标之外的污染增加,进而破坏整体生态环境;第二,普适性指标未能契合各区域的客观社会状况,导致污染较轻、经济落后的省份更愿且更易完成指标,污染较重、经济发达的省份则不愿且更难完成指标;第三,也是最重要的一点,总量控制指标的设计并不科学,这会导致地方政府总量控制指标达标了,污染物排放总量减少了,而环境依然未能改善。追根溯源,其中固然有中央的主观因素,如行政决策替代科学决策,生态效益为经济效益让路等,但更为根本的是客观因素,即中央无法设计出完美的总量控制目标。完美的总量控制目标需要涵盖所有可能导致环境破坏的污染(污染物种类、污染源类型等),考虑到每个区域的社会状况(经济条件、社会稳定程度、产业依赖度等),清楚每个区域的生态环境与污染之间的因果关系(生态承载力、环境自净力等)。现有的环境科学无法准确地为中央提供技术性支持,有限的行政资源也无法为中央的决策作出提供充足的供给。简言之,总量控制制度确保环境改善是以总量控制目标必须差异且公平、科学、合理为前提的,但现阶段的客观局限严重阻碍了这一前提的实现。②

反观以环境质量为标准的环境质量责任,则规避了这一客观局限,以2022年生态环境部等部门联合发布的《“十四五”海洋生态保护规划》为例,其中生态环境质量目标要求的标准为水质质量、自然保护区数量与滨海湿地面积等。环境质量目标使中央无须为指标是否涵盖所有污染物、污染物排放总量控制后是否必然改善环境而倾注精力,因为实现了环境质量目标就必然等于改善了环境。并且,分类的环境质量目标也一定限

---

① 参见李涛等:《我国大气固定源排放控制政策评估》,载《干旱区资源与环境》2019年第4期。

② 参见段海燕、王宪恩:《我国污染物排放总量控制指标差异性公平配置理论及法律制度研究》,载《法学杂志》2017年第7期。

度地模糊化了不同区域的社会状况差异，因为社会状况相近的区域可以大致地被要求以同一层次的环境质量为目标。总的来说，相较于总量控制标准，以环境质量为标准更适于作为目标性责任制度构建的核心。

第二节　环境质量责任视角下联防联控制度的革新

一、联防联控制度概述

2016 年起实施的《大气污染防治法》第 86 条第 1 款第 1 句规定“国家建立重点区域大气污染联防联控机制，统筹协调重点区域内大气污染防治工作”，从而宣告了联防联控制度在大气污染防治领域的确立。对于这一制度，学界既给予了极高的期许，认为其是解决大气污染问题的“唯一出路”，又表达了谨慎的担忧，认为其存在可实施性不强等多项问题。时至今日，这些期许与担忧逐步转化为喜忧参半的客观事实：联防联控取得了显著且优于既往制度的大气污染防治成效，却也暴露出相当程度的不足，继而与“完全解决大气污染问题”相去甚远。为此，学界尤其是环境法学界在持续且热切地为联防联控的发展与完善建言献策。

早在 2010 年，就有学者提出“联防联控是解决大气污染问题的重要途径”①。随后，以联防联控为主题的学术研究层出不穷。对相关学术史进行溯源，可以发现 10 年间的研究以 2015 年为清晰分界点：2015 年之后的研究数量呈井喷式增长，远甚于 2015 年之前。究其原因，是 2015 年修订的《大气污染防治法》正式在法律层面将“联防联控”制度化，将多年的期盼与建议转变为现实，极大地鼓舞了学界的研究热情。在 2015 年之前，联防联控研究的对象称谓可能并不包含“联防联控”一词，而代以“联合治理”“联合防控”“协同治理”等，也可能将“联防联控”与“机制”“模式”“工作”“方法”等词相结合。虽然多样的称谓使用并不妨碍学界对联防联控内涵的理解——在大气污染防治领域的府际合作，②但是称谓的不明确意味着研究对象没有一个精准的客观载体，从而使相关研究多以中西比较与思路建议为主。2015 年之后，《大气污染防治法》明确了“联

① 常纪文：《域外借鉴与本土创新的统一：〈关于推进大气污染联防联控工作改善区域空气质量的指导意见〉之解读（上）》，载《环境保护》2010 年第 10 期。

② 参见汪伟全：《空气污染的跨域合作治理研究——以北京地区为例》，载《公共管理学报》2014 年第 1 期。

防联控”这一称谓,亦为相关研究提供了一个精准的客观载体——“联防联控”制度,该制度通过7条共计12款使相关研究在坚持府际合作这一内涵的基础上,将研究方向聚焦于《大气污染防治法》的设置与府际合作之间的契合,继而阐发出两大反思。

一类反思是针对联防联控在已有条款上的不足。许多学者认为,尽管《大气污染防治法》为联防联控设立了专章,但每个条款都只是对联防联控的某一方面作了一般性的框架规定,缺乏可操作性。例如,《大气污染防治法》第86条第2款规定,地方人民政府定期召开联席会议,按照统一规划、统一标准、统一监测、统一的防治措施的要求,开展大气污染联合防治,落实大气污染防治目标责任。但“统一标准”的要求缺乏详细的设置,导致联防联控在实践中存在标准限值差异大、治理力度不统一、特别排放限值作用没有充分发挥、标准交叉执行造成体系混乱等问题;“统一监测”的要求只是在该法第91条中规定“组织建立国家大气污染防治重点区域的大气环境质量监测、大气污染源监测等相关信息共享机制”,缺乏细致的规定,结果是“尽管各区域内确实建立起了联合监测机制,但监测网络不健全、监测项目覆盖不全面、监测新技术应用不足、质控体系不完善”①;“统一的防治措施”的要求只是在该法第92条中规定“可以组织有关部门开展联合执法、跨区域执法、交叉执法”,规定既笼统又过于柔性,从而导致过往大气污染防治中所存在的执法力量分散、地方保护及监管俘获等问题依然无法解决。此外,《大气污染防治法》并未规定联席会议召开的频率、期限与程序,更未规定联席会议应当如何规定大气污染防治目标责任,以及如何将责任落实到地方政府。并且,相关法律法规文件如《关于推进大气污染联防联控工作改善区域空气质量的指导意见》、《重点区域大气污染防治“十二五”规划》与《大气污染防治行动计划》等,或是已经规定了联合防治协调机制的《环境保护法》也并未为上述的规定缺失提供足够明确与系统的支撑性规定。②

另一类反思是针对联防联控在利益平衡与责任分配上的缺失而作出的。《大气污染防治法》要求各地方政府统一规划、统一标准、统一监测、统一防治措施,但客观情况是全国各地的社会条件、经济水平与环境质量千差万别,大气污染防治能力更是参差不齐。如果不能平衡各地方政府

① 潘本锋等:《支撑京津冀区域大气污染联防联控的大气监测体系构建》,载《中国环境监测》2017年第5期。

② 参见曹锦秋、吕程:《联防联控:跨行政区域大气污染防治的法律机制》,载《辽宁大学学报(哲学社会科学版)》2014年第6期。

纷繁复杂甚至矛盾冲突的利益诉求，则即使强令各地方政府在形式上做到“四个统一”，也无法改变实质上的“各自为政”，进而导致联防联控陷入“貌合神离”的泥潭。同理，由于各地方政府客观情况与防治能力的差别，单纯地因为“四个统一”而强调责任分配上的一致，极易使各地方政府出工不出力，进而导致联防联控陷入“搭便车”的困境。遗憾的是，在利益平衡上，《大气污染防治法》既没有为联防联控作独立配套的安排，也没有将环境法律中已有的利益机制（如生态补偿等）有效对接到联防联控之上；而在责任分配上，《大气污染防治法》不仅没有责任内容、分配流程、承担方式的明确规定，甚至没有大致的指导性原则与框架性方向，只是在该法第 86 条第 2 款模糊地规定了“落实大气污染防治目标责任”。对于利益平衡的缺失，有学者建议将生态补偿制度引入联防联控之中，让作出更多大气污染防控努力的城市获得经济补偿，让享受大气环境福利较多的城市支付经济成本，进而激励各地方政府在联防联控中的合作意愿；也有学者认为，联防联控不仅需要与生态补偿制度对接，亦需要关注利益涉及方的市场交易与协议签订。而对于责任分配的缺失，主流观点是联防联控应当根据不同的社会、经济、环境与历史赋予各地方政府共同但有区别的法律责任。①

根据府际合作研究的主流观点，制度的成败取决于地方政府之间合作的深入与顺畅，而对其产生直接影响的有两大因素：一是合作的规范，包括合作程序、沟通机制等规范在法律与制度层面的精细化、科学化与系统化；二是合作的激励，包括博弈中利益与成本的计算与考量。对联防联控制度的两大反思正是依循于府际合作研究的主流观点，以合作规范与合作激励的视角审视《大气污染防治法》。现有条款仅有框架却语焉不详或是不够精进，实质是未能为大气污染防治领域的府际合作提供足够的规范安排与支持；利益平衡与责任分配的缺失，实质是各地方政府未能获得足够的合作激励。需要指出的是，第二类反思中涉及的“责任”一词，形式上多指地方政府的法律责任与行政责任，但其实质是将责任视为一种成本。对责任分配的反思，更多的是为了以公平的成本负担实现最有效率的合作激励，而非基于法理推导与上位法具体化的传统视角。尽管视角不同，但合作规范与合作激励都殊途同归地服务于府际合作的核心，也就是决定地方政府之间合作深入与顺畅的关键——合作赋能。自

① 参见张鹏、刘长江、何青容：《区域联防治霾中政府责任分摊的影响因素分析》，载《生态经济》2016 年第 1 期。

诞生之时起,府际合作就被视为一种打破传统中央集权的革新,其主要基础是地方政府自主权的行使。可即使给予合作的法律与政策空间,各地方政府往往也不愿自发地合作,或是不敢尝试合作,或是不知如何合作。而合作激励是从内部增加地方政府自主合作的动力,合作规范是从外部增加地方政府对合作的了解与信任,减少其对合作风险的担忧,进而内(激励)外(规范)结合、双重赋能,最终推动合作的产生与深化。

合作赋能这一核心不仅支撑起府际合作与联防联控的过往研究,亦主导了最新研究与未来研究的关注方向——合作网络。随着大数据、云计算等科学技术的爆发式进步,当前的府际合作研究不仅关注传统的点对点的双向合作,更强调点对面的多向网络的建构。有观点认为,相较于传统合作,合作网络能给予府际合作更大的动能与效率,传统的合作激励问题,如利益协调,能最终通过合作网络的科学架构得以解决,只有建构起系统完整的网络框架,才能真正将"分割"的地方政府"联合"起来。受此类研究的影响,近年来的联防联控研究也开始关注合作网络这一热门主题。有观点认为,合作网络具有增加信任、促进互惠方面的赋能作用,构建合作网络能有效激发地方政府的自主积极性,从而将联防联控实践中的"中央主导、地方执行"改变为"地方主动,中央支持"。[①] 综上所述,联防联控研究确立了合作赋能这一研究核心,并秉承府际合作的研究思路,关注合作规范与合作激励两方面对合作赋能的推动。

二、联防联控制度的治理合作赋能

联防联控在大气污染防治领域的雏形,可以追溯到 2002 年发布的《两控区酸雨和二氧化硫污染防治"十五"计划》,它将 175 个地级市、直辖区组成了"两控区",联合进行酸雨和二氧化硫的污染监测与防控。2010 年,原环境保护部等 9 部门发布了《关于推进大气污染联防联控工作改善区域空气质量的指导意见》,首次提出"联防联控"这一概念。随后在 2011 年颁布的《国家环境保护"十二五"规划》、2012 年颁布的《重点区域大气污染防治"十二五"规划》、2013 年颁布的《大气污染防治行动计划》、2015 年颁布的《关于加快推进生态文明建设的意见》等文件中,都将联防联控作为大气污染防控的一项重要手段。也就是说,联防联控在我国有一定时间的实践历史,具有较为丰富的实践经验。

---

① 参见孙涛、温雪梅:《动态演化视角下区域环境治理的府际合作网络研究——以京津冀大气治理为例》,载《中国行政管理》2018 年第 5 期。

根据区域主体的不同，可将联防联控区分为三大经济圈的联防联控与省级行政区域的联防联控两类。前者指京津冀、长三角与珠三角的大气污染联防联控区，后者包括山东、山西、宁夏、新疆、黑龙江等省（区）的大气污染联防联控区。前者与三大经济区范围重合度较高，后者与传统行政区划范围重合度较低，表现为多个省级行政区划的组合，或是省内或跨省的市县行政区划的组合。多个省级行政区划的组合如宁夏、内蒙古、陕西、甘肃四省（区）组成的大气污染联防联控区，省内或者跨省的市县行政区划的组合如黑龙江省哈尔滨市、大庆市、绥化市三个城市组成的大气污染联防联控区。对各联防联控区的成立与启动进行时间维度的比较可以发现，各区域联防联控机制的启动时间具有明显的间隔。京津冀地区与长三角地区的启动时间最早，于2013年9月建立起京津冀、长三角区域大气污染防治协作机制；珠三角地区的启动时间其次，于2014年7月建成第三个区域大气联防联控技术示范区；然后是四川、山东两地，分别于2014年11月、2015年11月在省内启动了大气污染联防联控机制；在2015年《大气污染防治法》修订后，又有山西、黑龙江等多省陆续启动了大气污染联防联控机制；而在2018年9月，汾渭平原地区建立起大气污染防治协作机制。

在大气污染防治成效上，京津冀地区与长三角地区较其他地区有着明显的优势。据统计，2014年京津冀地区城市空气质量达标天数为156天，同比上升5.3%，但比全国城市的平均水平（2014年监测城市为74个）少85天；重度以上的污染天数占全年的17%，同比降低了3.7%，但比全国城市的平均水平高出11.4%；全国空气质量最差的10个城市中京津冀地区占8个。2015年京津冀地区城市空气质量达标天数占全年的52.4%，比2014年上升9.6%。2016年京津冀地区城市空气质量达标天数占全年的56.8%（重度以上的污染天数占全年的9.2%），但仍然比全国城市的平均水平高出11.4%。2017年京津冀地区完成了《大气污染防治行动计划》的预期目标，并将重污染天数降低到28天。2018年京津冀地区城市空气优良天数比例为50.5%，北京市与天津市均不再在全国空气质量最差的20个城市之列。2019年京津冀地区城市空气优良天数比例为53.2%，北京市成为京津冀地区空气质量最佳的城市之一，河北省空气质量达到6年来最好水平。同年，长三角地区城市空气优良天数比例为76.5%，重污染天数全年仅有3天，与联防联控启动时（2013年）相比有了质的飞跃。

诚然，大气污染防治的成效不能一概归功于联防联控，但不可否认的是联防联控的良好实践为此提供了极为重要的支持。并且,无论是学界还是实务界,都将京津冀地区与长三角地区视为联防联控的典型。① 因此,基于实践时间与实践成效的考量,在此选取京津冀地区作为主要对象,探寻其联防联控取得显著成效的关键性因素。以传统研究所关注的重点——合作赋能的视角来看,优异的防治成效源于京津冀地区各地方政府深入与顺畅的合作。《大气污染防治法》向各地方政府提出了“四个统一”的要求,却被学界诟病未有详细的操作性规定,导致各地方政府因为合作的不确定性而丧失了合作的动力。② 但京津冀地区却不仅在“四个统一”上卓有建树,还积极追求其他方面的合作。在“统一监测”上,早在 2014 年 2 月 23 日,原环境保护部就联合中国气象局开展了京津冀及周边地区重污染天气监测预警预报应急演练;在“统一标准”上,自 2016 年 2 月 5 日起,京津冀就在地级及以上城市试行统一重污染天气预警分级标准;在“统一规划”上,2014 年 4 月起,京津冀及周边地区正式开始编制“区域空气质量达标规划”,2015 年年底,国家发展改革委发布了《京津冀协同发展生态环境保护规划》;在“统一的防治措施”上,2016 年 2 月 2 日,原环境保护部办公厅与中国气象局办公室联合发布了《关于统一京津冀城市重污染天气预警分级标准强化重污染天气应对工作的函》。除“四个统一”以外,京津冀地区还在以下方面成绩斐然:在联合宣传上,2014 年 4 月 10 日京津冀三地宣传部门精心策划组织了重大主题联合采访活动;在信息共享上,2015 年下半年京津冀及周边地区完成区域大气污染防治信息共享平台建设;在应急联动上,2015 年 11 月《京津冀区域环境保护率先突破合作框架协议》正式签署,标志着京津冀三地首次实现大气治理应急联动;在协同共治上,2015 年 3 月 9 日京津冀等 6 省区机动车排放控制工作协调小组正式成立,标志着该地区首次实现协同共治;在联合立法上,2015 年下半年在河北省制定《河北省大气污染防治条例》过程中京津冀三地首次开展立法协同;在联合执法上,2015 年 12 月 6 日,京津冀三地环保部门首次启动环境执法联动机制。

但是,传统的合作规范与合作激励思路却无法对良好的合作赋能进行完美的解释。在合作规范上,京津冀地区面临的依旧是笼统而可操作性不足的联防联控上位法。以“四个统一”中的“统一标准”为例,除了

① 参见李牧耘等:《京津冀区域大气污染联防联控机制:历程、特征与路径》,载《城市发展研究》2020 年第 4 期。

② 参见戴亦欣、孙悦:《基于制度性集体行动框架的协同机制长效性研究——以京津冀大气污染联防联控机制为例》,载《公共管理与政策评论》2020 年第 4 期。

《大气污染防治法》第 88 条第 2 款对机动车污染物排放标准的规定以及第 93 条第 2 款对预警分级标准的规定,并没有具体的法律法规来为京津冀地区的统一标准提供详尽的规范。尽管原环境保护部公布的《关于执行大气污染物特别排放限值的公告》为包括京津冀在内的重点控制区规定了六大行业以及燃煤锅炉新建项目的大气污染物特别排放限值,但限值与国家标准一样,只是地方标准的底线,而非地方标准的绝对值,也不能为地方标准的统一提供保证。[①] 而在尝试统一标准之前,京津冀三地都执行国家环境质量标准以及地方污染物排放标准,北京市最严而河北省最为宽松。[②] 也就是说,京津冀地区的统一标准既不具有外部规范,也没有内生基础。但是在内外缺乏动能的情况下,京津冀地区仍积极寻求标准的统一,如 2017 年发布的《建筑类涂料与胶粘剂挥发性有机化合物含量限值标准》。该标准订立之前,北京市环境保护科研院进行了整体调研,随后由北京市带头发起协商,并由三地设立标准的相关部门协商制定出统一标准,最后交由三地人大各自审批。此类由各地方政府自主发动的统一标准合作还有许多,如《北京市机动车和非道路移动机械排放污染防治条例》《天津市机动车和非道路移动机械排放污染防治条例》《河北省机动车和非道路移动机械排放污染防治条例》等。

而在合作激励上,京津冀地区也并未完全解决各地方政府之间的利益协调与责任分配问题。北京、天津、河北三地经济发展水平与产业结构差别巨大,联防联控对大气环境质量的统一要求意味着不同程度的大气污染防治努力以及差距巨大的社会经济成本付出。以《京津冀及周边地区落实大气污染防治行动计划实施细则》为例,其要求:到 2017 年,京津冀三地细颗粒物浓度在 2012 年基础上下降 25% 左右。为此,京津冀三地需要淘汰掉每小时 35 蒸吨以下的燃煤锅炉等。燃煤锅炉的主要来源之一是钢铁企业,但当时的北京市并没有钢铁企业,天津市仅有 17 家钢铁企业,而河北省有 400 多家钢铁企业。[③] 2016 年的全国两会上,时任河北省省长的张庆伟表示:“河北省已经在大气污染防治上投入了 240 亿元,并承担了大量的失业工人的安置与再就业。”同年,河北省、天津市和

---

① 参见邹兰等:《京津冀大气污染联防联控中有关统一标准问题的研究》,载《环境保护》2016 年第 2 期。

② 参见谢佳沥:《京津冀环保一体化艰难前行》,载《中国环境报》2014 年 6 月 9 日,第 1 版。

③ 参见李燕凌、康爱彬、张金桐:《京津冀大气污染治理政府协作路径研究》,载《河北师范大学学报(哲学社会科学版)》2016 年第 4 期。

北京市的城镇居民人均可支配收入比为2.40∶3.15∶4.20。[①] 也就是说，在京津冀地区的联防联控中，河北省需要在基础条件最差的情况下付出最大的治理成本。尽管京津冀地区一直在努力解决这一问题，如北京市人民政府办公厅于2018年5月4日发布了《关于健全生态保护补偿机制的实施意见》，但其实施范围仅限于北京市与周边，尚未与其他省市形成有效的利益补偿联动。[②] 从合作激励的视角来看，相关问题直到今天依旧未能得到彻底的解决。

如果合作规范与合作激励不能对京津冀地区各地方政府充沛的合作动能进行完美的解释，那么就需要一种另辟蹊径的合作赋能理论。在对京津冀地区联防联控实践的历史回溯中，一些学者注意到，每一次运动式治理都伴随高效的京津冀地区大气污染治理合作。例如，2008年奥运之前，京津冀地区开始了我国大气污染区域联合治理的第一次成功尝试；2014年APEC峰会之前，北京市及周边5个省市开始力度、效率与规模空前的"两圈""两阶段"的联防共治；2015年抗日战争胜利70周年阅兵仪式之前，甚至实现了7省联动的大气污染联防联控。而每一次运动式治理都带来了卓越的大气环境质量结果，即"奥运蓝""APEC蓝""阅兵蓝"等。并且，运动式治理与高效合作的线性关系同样体现在长三角地区的联防联控实践中。因此，有学者提出了一个新的解释思路：合作动能源于运动式治理。为了延续运动式治理客观上对合作产生的赋能效用，学界一直致力于寻找运动式治理的制度化路径。但府际合作研究对京津冀联防联控实践的解释乏力，导致联防联控的发展与完善出现了相应理论上的空缺。因此，寻找到运动式治理与合作赋能之间的关联逻辑，继而确定联防联控革新的着力点，应是当下联防联控研究的重中之重。

三、以环境质量责任激励治理合作

事实上，并非所有的运动式治理都赋予了联防联控合作动能。例如，河北省从2003年起多次实施的"整治违法排污企业保障群众健康环保专项行动"，就被评价为"强度高，但合作性弱，主动性差"。[③] 为何同样是在

---

① 参见姜玲、乔亚丽：《区域大气污染合作治理政府间责任分担机制研究——以京津冀地区为例》，载《中国行政管理》2016年第6期。

② 参见陈诗一、张云、武英涛：《区域雾霾联防联控治理的现实困境与政策优化——雾霾差异化成因视角下的方案改进》，载《中共中央党校学报》2018年第6期。

③ 参见杨志军、肖贵秀：《环保专项行动：基于运动式治理的机制与效应分析》，载《甘肃行政学院学报》2018年第1期。

京津冀地区的运动式治理,却对合作赋能产生了不同的作用?地方政府在日常行政时,的确会轻环境治理而重经济发展,可这并不是因为地方政府对经济发展本身纯粹的偏爱,而是因为经济发展在中央命令与考核中的占比极重。在改革开放初期,"发展就是硬道理"的思路胜过一切,以煤炭与石油能源为基础的经济发展导致许多省市的天空出现了雾霾。21世纪以来,中央不断提高环境治理在地方政府考核中的比重,甚至达到"一票否决"的程度,使各地方政府大力推动环境治理。当运动式治理启动时,地方政府面临的直接的中央命令是环境治理压过经济发展,短期考核是环境治理而非经济发展,所以在河北省专项行动开展的高峰时,部分主城区实行了机动车限行,钢铁、水泥、焦化等高污染产业大量停产,许多单位错时上下班。当专项行动过后,经济发展再次占据了中央命令与考核的重心,地方政府又对环境治理表现出消极态势。也就是说,地方政府所谓的行政选择,根源依旧是对中央命令与考核偏重的承继。运动式治理时,地方政府承继的是中央命令与考核对环境治理的偏重。

中央命令与考核中的环境治理鼓励治理合作吗?在应然上,大气环境治理应当鼓励治理合作;但在实然上,以往的中央命令与考核并不鼓励治理合作。大气环境治理之所以应当鼓励治理合作,也就是联防联控的必要性,在于大气环境问题与行政区划以及法域在空间上的不一致。[①]在传统的法律与行政关系中,立法者与行政者对自身辖区内的个体进行规制,规制效果作用于社会环境之上,规制效果与规制努力呈充分的因果关系与显性联系。但在大气污染防治上,立法者与行政者对辖区内个体进行规制的努力,其效果最终体现于自然环境之上。受风、气流等自然因素的影响,大气污染可能在远超辖区范围的自然环境中传播,大气环境保护也可能作用于远超辖区范围的自然环境。例如,在北京市雾霾的主要污染源中,河北省曾是工业废气排放第一"贡献者",大大超过了北京市自身的机动车船尾气排放。时至今日,石家庄、天津、唐山等多个城市依然会对周边省市产生大气污染"溢出效应",从而使规制效果与规制努力之间的因果关系大大减弱,导致各地方政府在大气污染防治上的"囚徒困境"远超其他治理领域。所以,治理合作不仅必要,而且必需。

大气环境治理的目的是提升大气环境质量,可大气环境质量不是可以直接调控的对象,而是个体环境行为(主要是排污行为)的结果,因此

---

① 参见徐祥民、宛佳欣:《环境的自然空间规定性对环境立法的挑战》,载《华东政法大学学报》2017 年第 4 期。

大气环境治理以对个体环境行为进行规制为主要内容。包括 2015 年修订前的《大气污染防治法》(2000 年)在内的大气环保法律,以给个体设置行为标准为主要内容,实质上赋予了地方政府监管、惩罚个体不法环境行为的法律责任。尽管《大气污染防治法》(2000 年)第 3 条第 2 款规定“地方各级人民政府对本辖区的大气环境质量负责,制定规划,采取措施,使本辖区的大气环境质量达到规定的标准”,但综观法律全文,从第二章开始,规定的都是个体的环境行为义务,以及地方政府监督、管理等责任,仅有第 17 条提及了地方政府责任与环境质量之间的关联。而在第六章“法律责任”中,主要规定的是个体违法后的追责,以及行政人员疏于监管与玩忽职守后的追责,完全不涉及环境质量未达标的追责。也就是说,地方政府承担的大气环境法律责任主要是“惩罚不法”的责任。在许多运动式治理中,中央对地方政府的要求也是惩罚个体的不法环境行为。例如,在 2012 年“整治违法排污企业保障群众健康环保专项行动”时原环境保护部发布的《2012 年整治违法排污企业保障群众健康环保专项行动工作方案》,其明确工作重点是检查违法排污企业,查处环境违法问题,排查整治重金属污染和重点行业、监管污染减排重点行业。彼时,地方政府承继的中央命令中的环境治理的主要内容是“惩罚不法”。

“惩罚不法”追求的目标实际上是“不犯”,考核地方政府的方式有两类:一是违法行为的惩罚率;二是区域内的违法率。前者的出发点是法律的威慑功能,当潜在的违法者考虑其违法成本时,既会考虑惩罚程度,也会考察被惩罚的概率,二者合一作为其违法成本。在理论上,100% 的违法惩罚率(违法必究)与高出违法收益的惩罚程度在理论上可以完美地实现“不犯”这一目标。在实践中,违法惩罚率越高,预示着地方政府对“不犯”这一目的愈加接近,也就代表着地方政府“惩罚不法”责任的良好履行。区域内的违法率则是直接对“不犯”的结果进行考察,极低甚至为零的违法率直接体现了“不犯”目标的实现,也就更能代表地方政府“惩罚不法”责任的良好履行。

然而,“惩罚不法”是提升大气环境质量的必要条件,但并不是其充分条件。换言之,地方政府履行好了“惩罚不法”责任,并不意味着大气环境质量的必然提升。当对违法行为的惩罚率进行考核时,由于环境违法的高收益、低惩罚,“违法必究”未必能有效威慑个体的违法欲望。① 当

---

① 参见卢昶宪:《企业环境守法激励研究》,载《东南大学学报(哲学社会科学版)》2019 年第 S1 期。

对区域内的违法率进行考核时,“全员守法”也未必能提升大气环境质量,因为大气环境质量既取决于个体环境行为的“质量”,也取决于数量。例如,《大气污染防治法》规定机动车必须确保尾气排放达标,且全国已经基本做到了绝大多数机动车按照标准排放尾气,但即使排放标准从国三提高到国四直至当下的国六,机动车尾气排放依然是全国大气氮氧化物与颗粒物污染的主要来源。[①] 也就是说,“惩罚不法”责任不等同于提升大气环境质量的责任,“惩罚不法”责任并不包含对合作治理的鼓励。若地方政府采用合作治理,不仅需要支出额外的博弈与统筹成本,还会因为对合作方的信任不足而产生对“搭便车”的担忧,进而排斥合作治理。例如,火力发电的废气排放是大气污染的主要来源之一,地方政府可以自主根据两类考核标准来选择是对超标电厂“一罚了之”还是要最终确保所有电厂达标排放,而不会选择与其他地方政府合作来束缚自身的规制选择,以及共享自己的规制成效。但结果就是,各地方政府“惩罚不法”的考核优异,大气环境质量却可能并未好转。我国“十一五”规划与“十二五”规划期间的数据显示,全国火力发电的废气处理装置安装率一直在稳步上升(2015 年达到 93%),除尘、脱硫、脱硝总量持续增加,但火力发电污染物排放总量却整体呈增长态势,大气环境质量一直上下起伏。

“整治违法排污企业保障群众健康环保专项行动”时,河北省政府未表现出积极的合作治理意向。究其根本,是因为地方政府承继的中央命令与考核,侧重的是“惩罚不法”的环境治理。无论是常规治理时期,还是运动式治理时期,无论中央命令与考核对环境治理的侧重与否,只要地方政府承担的是“惩罚不法”责任,就不会倾向于自主实施治理合作。而在 APEC 峰会等时期的运动式治理中,这一情况得到了改变:由于特殊时期的特殊需要,这些运动式治理对大气环境有着明确的质量要求。中央下达给各地方政府的命令是在特定时间内将大气环境质量提升至特定标准,考核的是大气环境质量目标的达成情况。尽管命令与考核中也包含大量(甚至是在数量上占绝对多数)的“惩罚不法”的内容,但这些内容都服务于大气环境质量目标的实现。相应地,各地方政府承担的是环境质量责任,同时承担附属的“惩罚不法”责任,并以环境质量责任而非“惩罚不法”责任的良好履行作为最终的考核标准。例如,在 2008 年北京奥运会期间,内蒙古自治区人民政府办公厅发布的《自治区第 29 届奥运会北京空气质量保障措施实施方案》将“‘十一五’期间,全区 60% 的主要城

---

① 参见胡灿伟:《机动车已成空气污染主力》,载《生态经济》2016 年第 4 期。

市空气质量好于Ⅱ级标准的天数平均大于 292 天”作为“总体目标”，而将“关停、淘汰超标电厂，推进电厂脱硫、除尘等”作为“具体措施”。

环境质量责任的形式表现为达成以环境质量标准设置出来的目标，是一种真正提升环境质量的责任。环境质量标准承载着人类对自然环境的“主观需要”与“客观评价”，是人类根据环境本身的自然属性，参照对生产活动的不同需求，将抽象的环境需求以具体的指标数值或分阶段进行表述。履行环境质量责任的方式是按期达成预设的环境质量目标，即将环境质量提升到预定的环境质量标准。不同于“惩罚不法”责任，只要预设的环境质量目标是科学的，那么当环境质量责任良好履行时，也就意味着环境质量必然提升了。基于大气环境与行政区划以及法域在空间上的不一致，为了实现提升大气环境质量的目标，为了获得责任履行的良好评价，各地方政府就无法各自为政，转而需要寻求与其他地方政府的通力合作。概言之，环境质量责任弥合了中央命令与考核中环境治理实然与应然的裂隙，从根本上鼓励了各地方政府之间的治理合作。

除此之外，环境质量责任还在各地方政府之间形成了治理合作的良性循环，持续激励已合作和未合作的地方政府的合作意愿。作为已参与治理合作的地方政府，寻求合作规模的扩大可以有效地减少治理成本，降低不可控的风险，强化治理成果的稳定性。大气污染防治不仅包括对个体的行为规制，还包括系统的大气环境监测等基础性工作，大规模的合作带来信息共享的扩大，也就意味着多余付出的减少。同时，由于大气环境生态中“蝴蝶效应”的存在，合作的地方政府越多，影响辖区大气质量的未知因素就越少，本辖区地方政府的治理劲头儿就越足。而对于未参与合作的地方政府而言，面对环境质量责任时的最优选择就是加入周边已有的合作群体，继而分享其他地方政府已有的治理成果，包括信息、经验甚至是良好的大气本身。当然，加入合作也意味着承担共同但有区别的防治责任，意味着牺牲部分利益接受统筹安排，以及努力提升自身辖区内的大气环境质量，因而这里的“分享”与传统的大气环境治理中的“搭便车”有着本质的区别。概言之，环境质量责任能在治理合作上形成“滚雪球效应”。对此最好的例证是，2012 年《重点区域大气污染防治“十二五”规划》中“京津冀地区”仅涉及北京、天津、河北三省市；到《大气污染防治行动计划》执行时期，追加了山东、山西、内蒙古三省区，规范范围扩展至“京津冀及周边地区”；《大气污染防治行动计划》后期，通过确认京津冀大气污染传输通道，划分了更为精确的“2 + 26”城市范围；到“蓝天保卫战”时期，与京津冀大气质量高度相关的汾渭平原成为与京津冀地区相关联的重点防治区域。[①]

至此,可以说,京津冀地区运动式治理产生不同作用的原因,是中央命令与考核对地方政府责任的不同侧重。运动式治理合作赋能的关键在于环境质量责任,发展与完善联防联控的着力点,应是赋予地方政府环境质量责任。

① 参见李倩:《跨界环境治理目标责任制的运行逻辑与治理绩效——以京津冀大气治理为例》,载《北京行政学院学报》2020 年第 4 期。

第六章　环境质量责任视角下的制度建构（资源利用篇）

第一节　环境质量责任视角下资源红线制度的革新

一、资源红线制度概述

当前，我国生态环境污染和破坏问题日益突出，为了加强环境保护，国务院于2011年发布的《关于加强环境保护重点工作的意见》中提出了要在重要环境保护区域划定“生态红线”，生态保护红线制度正式引入我国环保工作。2013年，划定生态保护红线被正式写入中共中央《关于全面深化改革若干重大问题的决定》（以下简称《深化改革重大问题决定》）之中。至此，生态保护红线制度正式确立，并上升为党和国家在生态环境治理领域内的重要创新，成为我国目前进行生态文明建设的重要制度之一。

准确地说，尽管该制度名为“生态保护红线”制度，并最终被定位于生态环境保护全局，然而在当前且在可预见的未来，将该制度称为“资源红线”制度更为准确。由于污染防治以污染物排放的遏制为核心，对污染物排放予以“红线”控制已经有了更为合适的制度——总量控制制度。而对于生态保护而言，由于涉及的生态因素与环境考评标准实在过于庞杂与系统，当前的科学技术水平与法治水平尚不能就其给出一条准确的“红线”。只有在自然资源的保护上，根据自然资源的存量与开采，“红线制度”才能恰如其分地设立与展开。

资源红线的概念还可以通过生态保护红线制度的相关实践予以证实。自2012年生态保护红线制度提出以来，我国水利行政部门、海洋渔业部门和森林林业部门都各自提出和划定了生态保护红线（资源红线），各个部门划定的生态保护红线（资源红线）在范围和内容上存在相互交叉和重复。为了解决各个行政部门在生态保护红线（资源红线）上“打架”的现象，中共中央在2013年的《深化改革重大问题决定》中对生态保护红线进行了阐释，拓展了生态保护红线的内涵，将自然资源和生态环境都纳入生态保护红线领域。[1] 2014 年,原环境保护部印发《国家生态保护红线 – 生态功能基线划定技术指南(试行)》,以省级行政区域为单位的生态保护红线划定工作在全国铺开。《国家生态保护红线 – 生态功能基线划定技术指南(试行)》确定了自然资源利用红线是生态保护红线中的核心内容。以《国家生态保护红线 – 生态功能基线划定技术指南(试行)》为标准,目前我国省级行政区域中,江苏、四川、青海、广西、天津、江西等省(自治区、直辖市)均已公布各自的生态保护红线。而在这些生态保护红线中,基本上是水资源红线、农业用地红线、矿产红线等,剩余的生态功能红线基本是以较为主观的使用价值进行衡量的,无法真正进入法治的实践。所以,生态保护红线当前的实质是资源红线,为了表述便利,以下生态保护红线都按其准确定位而称为资源红线。从国家设立资源红线的初衷来看,“划定资源红线”只是自然资源保护的手段,“严格遵守资源红线”才是自然资源保护的最终目的。因此,在资源红线划定综合工作之后,资源红线制度建设的关键在于让资源红线真正落实下来。从制度表层上看,资源红线的划定是一项技术问题,即通过科学的方式来确立保护的自然资源的极限值。落实资源红线则是一个规范问题。规范性问题涉及要落实资源红线制度应该采取哪些措施,这关涉到资源红线的规范属性和实施模式。

从设定资源红线的目标和推动资源红线的方式来看,资源红线制度属于公共政策规范类型。理由如下:资源红线制度是我国在提出严守 18 亿亩耕地红线之后党和国家提出的又一条红线制度,这是国家为应对我国自然资源受到严重破坏这一严峻问题所作出的政治和制度安排。按照我国现行公共政策体系的划分,资源红线制度属于公共政策体系中的基本政策。根据这一政策,政府应当设定具体的自然资源控制目标和任务,并制定具体自然资源保护的各项政策。在明确了资源红线基本政策的规范属性之后,下一步要解决的就是资源红线这个基本政策的执行问题。落实政策过程中最重要的环节就是执行政策,以实现政策的目标。虽然资源红线制度已经被党和国家多个文件确定,但这只是停留在纸面的政策,要把这个文件中的制度落实到实践之中的执行性政策,还需要解决多个规范难题:第一,在资源红线政策范围方面,目前《生态保护红线划定技术指南》只是对最狭义的自然资源的红线作了技术性要求,而进一步

---

① 参见鞠昌华:《生态保护红线成为综合性概念》,载《中国环境报》2013 年 11 月 18 日,第 2 版。

的综合利用与保护方面尚无明确规定;第二,在资源红线执行推进途径方面,目前推进资源红线的划定主要是依靠自上而下的方式推进,就国家层面而言,主要是制定了生态功能区与自然资源存量划定的宏观规划,而要想把这些宏观规划在实践中实施,还需要各地根据国家宏观规划再次进行细化规定;第三,在资源红线规划效力方面,目前资源红线只是国家的基本政策,其规范效力主要在于国家政策的权威性,其在地方各级政府事务中具有优先级别。但这种优先性并不具有强制力,因为对于资源红线的执行,目前尚无法律对各级政府执行资源红线制度作出强制性规定或者惩罚性措施。①

由此可见,作为基本政策的资源红线制度具有其自身的局限性。这种局限性是由政策的内源缺陷所决定的。一个完整的资源红线制度应该包括这个政策的整个流程,既包括政策确定的问题,又包括对解决这个问题的制度设置,还要包括这个制度实行及其保证措施。以此观之,我国目前资源红线制度只是停留在政策形成阶段,还缺少制度实行及其保证措施。

我国2014年修订的《环境保护法》将资源红线制度纳入其中。不过从涉及资源红线的法律条文来看,该制度依然只是一个宣示性的原则性制度,缺乏进一步的可操作性空间,也没有真正可保证其执行的相关机制予以辅助。换言之,《环境保护法》中涉及资源红线的规定大多为一些笼统的方向性条文,缺少明确性和可执行性的规定,无法给资源红线制度的具体执行提供法律支撑和法律依据。由此可见,要确保资源红线制度真正落地实行,必须把资源红线制度从政策层面转向法律制度层面。只有实现这样的转向,才能保证克服资源红线制度作为政策的自身软肋。当然要实现资源红线制度从政策层面向法律制度层面的转变,必须将之与我国当前的环境保护法律体系相结合,发现其在法律体系中的不足,梳理我国现行环境法律体系中关于资源红线制度的缺陷,从而重塑保证资源红线制度实施的法律图景。

二、资源红线制度的责任供给欠缺

资源红线制度是国家为了将无节制的资源利用转变为资源保护而设置的一项制度。水、土地、矿产等自然资源原来仅仅被作为资源商品而开采出来,并进入社会生产之中。但在无节制的开采与利用这一过程中忽

---

① 参见王山山:《“生态红线”的落地难题》,载《中国经济周刊》2014年第Z1期。

视了这些资源作为生态环境一部分的生态功能。资源红线制度欲实现自然资源的生态功能,就必须将自身建立在系统而整体的视角之下,将原本被单纯作为商品的自然资源“复位”到已经被割裂开的生态系统之中。因此,资源红线制度是建立在生态功能区域制度这一基础之上的。

生态功能区域,是指国家为了维护自然生态系统、保证全域或者局部生态安全,将特定区域划为资源保护范围。根据全国生态功能区域划分的标准,我国生态功能区可以分为三类,以其生态保护危机性和重要性,依次可分“重要生态功能区;生态敏感区、脆弱区;禁止开发区”。从划分的性质属性上来判断,我国国土空间管理体系可以分为主体功能区、海洋功能区和生态功能区三大部分,这三大体系中的生态功能区和海洋功能区相较于主体功能区是专项性区域,这两者划分的标准是区域自然要素。作为专项性区划,生态功能区划的范围要比综合性区划的范围更小,其制定主体不是各级政府,而是这些区划涉及领域的专业行政部门。而这些具体的行政部门,如环境保护部门或者海洋渔业部门,其虽然可以制定相关的政策或者行政部门规章,但由于环境保护是一个整体性的事项,这些部门无法协调其他部门进行相应的配套政策制定,因此,其制定的资源红线政策或者行政部门规章仍旧不能保证资源红线制度得以落地。而主体功能区规划的制定主体是各级政府,其看似能够作为资源红线的规范依据,然而资源红线制度是否就是生态主体功能区的附属呢?答案显然是否定的。第一,主体功能区划自身尚且在法律体系中缺乏稳定性,更无法支撑起资源红线制度。我国现行主体功能区划自身亦无法律依据,其自身的推进依据主要是党和国务院的政策或者有关会议精神和领导人的讲话。① 第二,生态主体功能区自身的标准也并不科学与明晰,无法推导出资源红线制度中红线的具体标准。目前我国对主体功能区划的分类只有“限制”、“重点”和“优先”开发区三大类,这三大类划分的标准及其配套政策不具体,往往都是模糊性和宏观性的判断,无法有效指导现实生态功能区划的实践。主体功能区划自身的这种模糊性和不确定性,远远达不到法律安定性和明确性的要求。第三,我国目前生态环境保护实践中存在“九龙治水”的困境。目前环保、海洋、林业、农业农村、自然资源与规划等数十个部门都有权限管理自然保护区,而“九龙治水”往往导致在生态主体功能区的管理上政出多门。进而,多头管理、重复管理的问题突

① 参见陈晨:《试析当前我国空间管制政策的悖论与体系化途径》,载《国际城市规划》2009 年第 5 期。

出,导致管理的真空或者盲目管理的难题。因此,如果按照主体功能区划来认定资源红线的法律效力,则会将目前主体功能区划管理实践中的困境转移至生态功能区划之中。由此观之,作为主体功能区划依据的国务院《关于印发全国主体功能区规划的通知》不宜作为资源红线的规范依据。事实上,不论用何种解释方式,如体系解释或者扩大解释,都无法从该规划中引申出资源红线的法律依据。虽然现在环境保护法已经引入资源红线制度,但更多保护环境的规划散落于各种法律之中,在当前尚无明确资源红线立法的前提下,我们应该梳理现有立法中相关保护性区域的规定,明确生态功能区划在现行法律制度中的范围。在依法治国的新时代,我国现行法律中涉及资源红线保护区域主要有:野生动植物保护区、森林保护区、湿地保护区、水源保护区、国家公园保护区、公益林地保护区、蓄洪区、河道保护区等。这些保护区的划定主要依据的是地理生物技术等科学依据,这些依据并不能作为资源红线的法律依据。此外,上述保护区并不能完全覆盖资源红线的范围,如果有重要的生态环境保护价值的区域在上述保护区范围之外,那么就需要对上述相关保护区的法律法规进行立法修订,而不能直接将其纳入具有法律强制执行力的资源红线之内。

生态功能区划制度应该支撑起资源红线制度,但现有的该制度无法真正支撑起资源红线制度,从而产生最恶劣的结果是导致资源红线制度只能从个体的视角进行相关设置,而无法从生态环境的整体视角进行相关设置。此外,尽管在许多资源法律中,都有资源红线的相关设置,但是从资源红线执行角度来看,上述各个资源类法律中关于资源红线均只有原则性或者制度性设置,而对于红线的实际设置却无确切数值限定。最终,资源利用红线就表现为个体对于能源、水或者土地等资源安全开发利用的最高或者最低限值,或是中央的笼统性要求,而无法转化为地方政府的环境质量责任。

在能源利用领域,资源红线制度缺乏对地方政府的法律责任赋予。资源利用红线在能源领域中的应用,最集中体现在我国《节约能源法》之中。我国《节约能源法》第 6 条和第 52 ~55 条分别就能源重点使用单位的能源利用划定了红线。这是首部给予资源利用红线法律地位的法律。此外,从《"十一五"规划纲要》公布以来,我国对能源消费都提出了节能限排的基准要求。例如,该规划首次对单位 GDP 能源消耗提出了利用红线,即截至 2010 年单位 GDP 能源消耗要降低 20% 。在《"十二五"规划纲要》中,除了对单位 GDP 能源消耗再次提出减排限值要求外,还对单位 GDP 二氧化碳提出了减排限值,另外还对非石化能源在能源消费占比中的比例提出了增值要求。为了落实上述国民经济与发展规划中确立的节能减排利用红线限值,国务院相关部门制订了具体的实施方案,如《单位 GDP 能耗统计指标体系实施方案》等。按照《立法法》的分类,上述这些落实资源利用红线的实施方案,不是法律规范,而是行政规范性文件。因此,我国确立资源利用红线的依据主要是由法律《节约能源法》、国民经济与发展规划和规范性文件(各种实施方案)组成的。与污染物总量排放指标一样,节能减排的指标都是属于国民经济与发展规划中确立的约束性指标。同样,节能减排指标的法律效力与污染物总量排放指标一样,因其作用主体不同而效力不同。首先,对于国家来说,无论是节约能源法中确立的节能减排目标,还是国民经济与发展规划中的约束性指标,对中央政府来说都具有法律效力,都是国家必须完成的环保义务事项;其次,对于诸如公民、法人、其他社会组织的社会主体而言,除了《节约能源法》中对资源重点使用单位明确了其节能管理义务和相关考核标准外,基本无须承担任何具体义务;最后,对于地方政府而言,因为没有法律意义上的目标性的能源减排责任,它的能源治理权力并未增加,能源治理责任也同样仅有对中央宏观义务的承继,而无具体的目标性责任。

在水资源利用领域,资源红线制度同样缺乏对地方政府的法律责任赋予。与能源利用领域一样,水资源利用领域中的资源红线制度的法律依据也有一部分的法律和规范性文件。为了保护水资源,我国在水环境的相关法律中明确了水资源利用红线限值。例如,在《水法》第 47、48 条中确立的水资源开发利用红线,第 8 条和第 51、52 条中确立的水资源利用效率红线,第 32 ~ 34 条确立的用水效率控制红线。这些都是资源红线制度在水资源利用领域应用的法律依据。此外,为了保证资源红线制度在水资源利用领域的落实,党中央和国务院都颁布过规范性文件,提出了具体的落实制度。例如,国务院提出了相应的配套制度,如用水总量和用水效率控制制度、水资源管理制度与考察落实制度和水资源功能区限制排放污水制度等。但是,这些水资源利用领域的资源红线制度的法律依据同样多为原则性和宏观性的内容,没有明确的地方政府法律责任,也没有明确的水资源利用红线的限值(最低或者最小值)。实际操作中,这些水资源利用红线具体的效力需要通过相关政策性文件加以确定,是较为主观的。此外,从现实中看,水资源管理中划定的各种红线都是各级政府之间需要落实的政治任务,这些红线的实施,主要依靠的是上级政府对下级政府的行政考核。因此,从严格意义上讲,水资源管理的资源红线制度属于政策,具有政策效力,而非属于法律,不具有法律效力。因此,有必要对我国水环境法律中设定的各种水资源利用红线进行立法修订,进而以此赋予地方政府科学的法律责任。

在土地资源利用领域,对地方政府的法律责任赋予情况相较于上述两个领域稍好。资源红线制度在土地资源利用中的应用主要集中于耕地保护和林地保护两大领域。在耕地保护方面,不论是《“十一五”规划纲要》,还是《全国土地利用总体规划纲要(2006—2020 年)》《“十二五”规划纲要》都提出了严格保护利用耕地的红线指标,即要保证全国耕地保有量在 18.18 亿亩。这个耕地保护红线不仅是这个规范性文件中所确立的制度,更是我国《土地管理法》中对耕地保护制度所作的进一步细化规定,其具有法律依据,也具有法律效力。在林地保护方面,《森林法》中没有关于森林、林地和林地保护的相关规定,为了落实这些规定,《“十二五”规划纲要》对我国森林保护增量提出了约束性指标,即森林覆盖率和森林蓄积量要达到规划中设定的最低指标。此外,原国家林业局颁布的《推进生态文明建设规划纲要》中明确提出了我国资源红线保护统一行动和关于生态保护的四条红线,其中一条红线就是关于林地保护的红线,即林地和森林保护红线。由上可见,我国目前资源利用红线在土地资源利用领域集中于耕地和林地两个方面,这些土地资源利用红线的主要依据既有法律,也有行政规范性文件。就法律效力而言,无论是耕地保护还是林地保护红线都有相应的法律依据。其中,耕地保护中的耕地保有量红线的法律依据是《土地管理法》,而林地保护中的森林覆盖率红线的法律依据是《森林法》。此外,耕地保有量红线和森林覆盖率红线已经成为我国现今土地资源利用红线的最低限值,其不仅对地方政府具有法律约束力,而且对于普通公民也具有法律约束力。无论是耕地、林地的使用者,还是耕地、林地的管理者,都必须遵守这一最低红线。需要指出的是,原国家林业局颁布的《推进生态文明建设规划纲要(2013—2020 年)》中明确提出了关于林业生态保护的四条红线,但这只是原国家林业局指导内部工作的管理措施,不具有对外的法律约束力,也无法像上述法律法规一样赋予地方政府法律责任。

综上可知,目前我国的资源红线制度大部分缺乏对地方政府法律责任的赋予,仅在少部分领域对此做得略有起色。其中赋予地方政府一定的法律责任的资源红线制度主要有两种:第一种是节能减排目标,节能减排目标是能源利用的最高要求和国家标准,并以此赋予地方政府节能减排的法律责任;第二种是资源红线限值,如耕地和林地红线,就是我国耕地和林地保护领域最低要求和最低限值，并以此赋予了地方政府土地保存的法律责任。其他的资源红线制度尚未能赋予地方政府法律责任，如水资源利用领域中划定的水资源开发利用红线、水资源利用效率红线和用水效率控制红线，这三条资源红线都是依据行政规划性文件设立的，其设立没有相应的法律授权，因此只能看作相关行政机关制定的管理措施，而非法律制度，不具有法律约束力，也就无法赋予地方政府法律责任。

三、在自然资源法律中供给环境质量责任

目前，虽然资源红线制度已经得到许多自然资源法律与政策文件的确认，但这远远不足以让该制度有效地运行起来。因为资源红线作为一种约束机制，必须获得明确的法律规范效力，以赋予地方政府科学的法律责任。进而，资源红线制度须立足于整体的生态环境保护视角，如此方能阻止“资源保护”这一优先目标被泛泛而谈，才能将“资源保护”落实到具体的自然资源治理之中。①

首先，自然资源法律必须确定资源红线制度的强制性效力。这里的强制性效力并不仅是对地方政府与个体具有强制的约束力，而且是一种建立在相同层级的生态环境规划之上的强制效力。换言之，资源红线制度需要与生态环境规划进行衔接。一般而言，生态环境规划包括总体规划、详细规划与专项规划，前者是后两者的基础。而专项规划一般包含具体且可以直接指导资源红线制度的内容，它是在特定区域和流域上为实现特定的目标而对整体生态空间的开发与保护作出的专门性的规划，一般由相关部门专门编绘。资源红线制度应当以总体规划为基础，以专项规划为具体内容，成为延续二类规划的一项约束性制度。

在资源红线制度已有的实践中，往往是根据《生态保护红线划定技术指南》进行相关红线的划定，但这份指南对于当前的自然资源状况而言欠缺了科学性与时效性，应当考虑结合最新的法律规范与政策文件。例如，2019 年发布的《关于建立以国家公园为主体的自然保护地体系的指导意见》与 2022 年发布的《生态保护红线生态环境监督办法（试行）》同样涉及了建立资源红线的相关设定，完全可以被纳入设定资源红线的基准之中。此外，新的法律规范与政策文件相较于早期的划定指南还增加了审查备案机制，以便于解决资源红线制度与相应的生态环境规划不协调的问题。审查主体一般是规划与设计生态环境规划与资源红线制度

① 参见吴贤静：《水资源红线的理论阐释与制度实践》，载《资源开发与市场》2018 年第 2 期。

的相关机构,审查对象为自然资源红线,审查重点一般是自然资源红线与生态环境规划不一致时,根据备案审查结果以及相关规划作出科学和合适的修改。① 此外,对于自然资源红线本身,审查备案机制还可以对该红线的形式与实质进行合法性与合理性的审查,从而匹配不同的资源红线制度。完成审查后的自然资源红线自然地获得了合法性与约束性,进而可以单独或者与其他法律法规结合,对地方政府产生法律效力,同时赋予地方政府相应的法律责任。该法律责任也就与许多环境保护法律中"地方政府需要为辖区内的环境质量负责"保持了一致。

其次,自然资源法律需要优化资源红线制度的适用方式。尽管当前资源红线制度尚处于基础规范的铸就阶段,但立法者仍然应该将目光投向未来的制度适用。这也是新的相关法律法规与政策文件所极力要求的。单一的资源红线制度可以在实践中采用与其他成熟制度相衔接的方式,来确保实践的稳定性与科学性。其中非常值得考虑的是环境影响评价制度,它是我国一项已经非常成熟的制度,并且它是一项从环境保护角度而非经济发展角度出发的法律制度,故而其与资源红线制度十分契合。在具体衔接上,可以考虑在准入这一关键性阶段上将二者予以结合,共同开展。当然,相较于环境影响评价制度的精准性准入,资源红线制度的准入是一种框架性的准入制度,一般通过范围限制与框架性规范来予以调控。但二者的结合,可以有效地延长整个自然资源利用行为的准入制度,又可以发挥出环境影响评价准确性高、针对性强的特点,进而将资源红线制度的强制性落到实处,并在实践中不断地检验与调整资源红线制度,确保其实事求是的科学性。

从程序性的功能上看,环境影响评价制度是在源头上对自然资源的利用行为进行预防性保护,而资源红线制度是贯穿利用全局的整体性保护制度。在关键性的中枢——对自然资源利用行为的审批上,需要承上启下。一方面必须落实资源红线制度的相关要求,对利用产业的布局、规模与方式等进行管控;另一方面必须遵守环境影响评价制度的相关要求,对强化且有针对性的项目进行应有的把控,确保审查与评价结论的一致。由此,二者合一地将自然资源利用行为控制在生态承载力的范围之内。

最后,落实资源红线制度需要建立起地方政府之间良好的协商与沟通机制。从整体全局上着眼,若要确保资源红线制度的实践具备良好的

---

① 参见吕忠梅:《自然保护地立法基本构想及其展开》,载《甘肃政法大学学报》2021 年第 3 期。

合作可能性，就需要在地方各级政府之间建立起良好的协商与沟通机制。当前，地方政府之间一般由上级政府进行牵头协调。① 这一方式可以承继下去，成立高级别的议事和协商机构，如协商工作小组或者协商工作办公室，从高过地方政府层级的层面上确保资源红线制度的目标实现。同时，根据《地方各级人民代表大会和地方各级人民政府组织法》的相关规定，地方政府领导下辖的所有行政部门。也就是说，当为了经济利益而进行治理的相关机构与为了生态环境利益而进行治理的相关机构因为自然资源利用行为而发生矛盾与冲突时，地方政府就有义务和责任进行协商与处理。所以，地方政府内部也需要设立协商与沟通的部门，以便帮助同一地方政府内的各个部门通力合作，确保自然资源利用行为的有序与可持续。

当下，我国资源红线制度正在经历一场革新的风暴，以生态环境保护为核心，以赋予地方政府法律责任为关键的发展策略应当被毋庸置疑地确立下来。诚然，囿于当前科学技术水平与生态空间的治理水平，资源红线制度能否达到预期的科学设计、地方政府精准执行的目的，还是一个未知数。但这并不妨碍自然资源法律如期进行革新与发展，通过地方政府法律责任的赋予来进行整体治理。相信在可预见的未来，以地方政府环境质量责任为导向的资源红线制度革新一定可以实现。

第二节　环境质量责任视角下获量配额制度的革新

一、获量配额制度概述

从严格意义上说，获量配额是一项自然资源的管理制度，但当前被真正适用并被众多相关研究所定位的领域是渔业中的捕捞业，尤其是海洋渔业中的捕捞业。因此，本节所探讨的获量配额制度是海洋捕捞业中的获量配额制度，简称渔业的获量配额。渔业的产业生产方式主要是通过生产要素（渔船、渔具等）的投入，从海洋中获取产出获量（鱼类等）。传统的渔业管理方式是以生产要素为核心的投入要素管理，包括管控渔船马力大小、渔网网眼规格等。通过对各类生产要素进行限定，管理者可以一定限度地管理渔民的渔业生产活动，从而将活动规模控制在预设范围。

① 参见秦鹏、唐道鸿：《环境协商治理的理论逻辑与制度反思——以〈环境保护公众参与办法〉为例》，载《深圳大学学报（人文社会科学版）》2016 年第 1 期。

但是,投入要素的规模与渔业生产活动的大小、渔获总量的多少之间并非绝对相关,对投入要素的完全管理不等同于对渔获产量的最终管理。因此,管理者开始尝试根据渔业收获的捕获量来进行渔业管理,从而在渔业生产活动的终端进行管理与治理。

当前对渔业实施获量配额管理,目的在于应对“毫无节制的捕捞行为导致海洋渔业资源枯竭”这一生态环境问题。因而通说都将获量配额视为环境与自然资源危机的产物。事实上,早在 20 世纪 30 年代,内尔(Neher)等西方学者就依据捕捞技术水平与渔业资源可获量设计出了最大可持续产量(Maximum Sustainable Yield,MSY)模型,但其目的并不在于节制捕捞行为,而在于根据捕捞生产的最大可获量进行最有效率的生产资料分配与生产所得分配。[①] 其后,巴波(Barber)等西方学者进一步完善 MSY 模型,着重分析了渔获量与个体努力之间的线性关系,从而产生了“总量—配额”的渔业配额管理理论。[②] 依此理论,许多国家设立了渔业个人配额(Individual Quota,IQ)制度与个人可转让额度(Individual Transferable Quota,ITQ)制度(区别在于配额是否允许转让)。对配额管理进行溯源的意义并不在于将其与环境与自然资源危机彻底地区分开来,而是在其解决危机这一目的背后,确立其构设的本质——以分配与交换实现效率的最大化。

海洋是一项广阔的“公地”,渔业资源的枯竭正是海洋情境下最为典型的“公地悲剧”,获量配额管理通过分配与交换实现效率最大化,与以产权化和市场化解决“公地悲剧”的思路不谋而合。因此许多学者提出,在渔业上,我国应当以获量配额管理取代投入要素管理。而在获量配额管理的过程中,地方政府应当承担起界定初始权利(渔业权)与减少渔业权流转成本(如建立交易市场)的责任,从而确保产权化与市场化的顺利进行。[③] 赋予地方政府初始界权与减少成本的责任,符合科斯定理对地方政府在市场中的经典论述。然而,这并不意味着地方政府“愿意”承担起初始界权与减少成本的责任。

在已有的研究中,罕见“地方政府是否‘愿意’承担起初始界权与减少成本的责任”的研究。即使多年来渔业一直未能在全国范围内贯彻获

---

① See Philip A. Neher, *Ragnar Arnason*, *Nina Mollett*, Rights Based Fishing, 1989.

② See Willard E. Barber, *Maximum Sustainable Yield Lives On*, North American Journal of Fisheries Management, 1988.

③ 参见慕永通、马林娜:《我国捕捞限额制度的性质与路径选择》,载《中国渔业经济》2004 年第 3 期。

量配额管理，相关研究也依然停留在宏观与微观层面：宏观上，大量学者仍然在引介国外有关获量配额的相关制度经验，宣传获量配额管理在解决“公地悲剧”上的优势，大声疾呼我国需要贯彻获量配额管理；微观上，也有学者努力地为国内不同区域与生态系统设计出具体的获量配额数额。① 即使是涉及地方政府的渔业获量配额管理研究，也只是从以下四个方面探讨地方政府的管理功能：一是渔业资源与海洋生态承载力与获量配额之间的模型建构，即解决配额多少以及如何分配的问题；二是如何实现对渔获监测与超额捕捞的有效监管，即解决保障配额主体的渔业权利保护的问题；三是建构配额有效交易的市场硬件设施与信息软件系统，即解决配额有效流转的问题；四是将获量配额与社会公平、跨渔种管理、跨物种管理和跨资源管理相结合，即解决获量配额的扩大与推广问题。②

但对于关键的中观环节——地方政府的初始界权与减少成本的责任，却少有涉及，依然停留在十多年前的原则性探讨与大致性展望层面之上。而对于中观环节的基础性问题——地方政府是否“愿意”承担起初始界权与减少成本的责任，更是罕见学者对其予以深问。可能的解释是，由于获量配额是对原有产业的管理模式改革，并不直接减少地方政府的财政收入或是其他效益，故鉴于地方政府在科层制体制中对中央的隶属地位，以及以往地方政府对中央指示的服从惯例，几乎所有的学者都默认只要中央明确要求渔业实施获量配额改革，那么地方政府都会出于追求政绩的目的而主动地予以实质推动。也就是说，相关研究默认地方政府是“愿意”的。然而事实上，由于当前渔业相关法律赋予地方政府的法律责任并非一种目标式的责任，而是关注个体的责任，因此，地方政府并“不愿意”承担起初始界权与减少成本的责任。

二、获量配额制度的责任设置不匹配

我国当前已经在多个省份开展渔业获量配额管理的改革试点工作，最早的试点工作在浙江省展开。2016 年 4 月 26 日，原农业部发布文件《关于原则同意浙江省开展国家海洋渔业可持续发展试点工作的函》。随后，山东省、广东省等地也相继开展渔业改革试点工作。在上述试点工作的实践经验之上，本节将对获量配额制度的得与失进行总结与分析。

---

① 参见宋瑞鑫：《山东省国内捕捞最优 TAC 配额组合的研究》，载《山西农经》2021 年第 11 期。
② 参见董加伟：《论 TAC 制度的经济学演进及其在中国实施的路径选择》，载《中国海洋大学学报（社会科学版）》2014 年第 1 期。

渔业获量配额管理的主要内容一般分为四部分:第一部分是划定区域、初步界权。地方政府一般会将沿海渔场划为独立的管辖区域,进行封闭式管理,禁止一定规模的渔船进入封闭区捕鱼,同时赋予合理的渔船入渔权。第二部分是控制总量、分配额度。地方政府一般会按照不同的渔业产业发展需求,对封闭区渔场进行生产性功能区划,同时计算出不同区划的内渔业生产工具(如马力、渔船数量、船网工具指标等)总量与渔获总量,并在此基础之上将入渔权转化为渔获配额所有权与使用权。第三部分是建立市场、流转配额。地方政府一般会建立并改革渔业协会,明确渔业协会享有渔获配额的所有权,渔民以渔船为单位向渔业协会申请并获批渔获配额使用权,同时又能在渔业协会中有条件地购买或出售渔获配额使用权。第四部分是标准生产、精细管理。地方政府一般在建立信息化的监管体系的基础上,会对所有入渔船只进行标准化管理,确保渔获配额使用权在行使与流转上的公平公正。

但在这四个方面,多省的渔业改革试点工作都出现了不少问题。首先,在确立权利主体时,依照原农业部《关于进一步加强国内渔船管控、实施海洋渔业资源总量管理的通知》的相关规定,禁渔区线内生产渔船规定在 12 米以下的小型渔船,12 米以上的大中型渔船不得进入禁渔区线内生产。但是,各省的试点封闭区内原本就有许多超过 12 米的大中型渔船从事捕捞活动,驱逐这些渔船或是强迫这些渔船改换小型渔船的要求受到了大量渔民的激烈反对,界权工作面临极大的社会阻力。其次,在建立与改革渔业协会时,将获量配置管理过程中几乎大部分的权力都赋予了渔业协会,如渔业协会拥有配额分配与流转、渔船建造或监管、入渔许可证书办理、入渔秩序与区域安排、船员培训与技能提升、相关费用缴纳、惠渔政策实施等方面的权力,导致渔业协会的人员储备、资金供给与管理能力出现严重不足,渔业权的界定、保护、监管、流转出现放缓甚至停滞的状况。再次,在计算渔业产量与分配获量配额时,由于既要考虑到渔业生产力水平、渔产品需求与海域生态承载力的平衡,又要真实反映出涉渔产业中的一二三产业融合、海域牧区建设与生态养护、资源增殖的成果,势必需要足够的科技水平、专家团队、环境资料等硬件支撑,然而无论是地方政府还是渔业协会,都无法提供足够而有效的硬件支撑。复次,在实施获量配额管理时,各省的改革试点工作都保留且并行了伏休禁渔管理,这也意味着在试点封闭区内,渔民捕鱼需要遵循获量配额与伏休禁渔的双重管理,从而导致大量渔民的渔业权(尤其是流转后的渔业权)无法得到充分而有效的行使,进而阻碍了渔业权的顺畅流转。最后,在申请专项补助时，改革试点工作需要大量的资金进行建设、补贴等工作，匮乏的资金严重阻碍了渔业权界定的有效与流转的顺畅，最终在获量配额管理过程中引发了许多社会矛盾。

除上述问题以外，还有一个最为关键的问题被暴露出来，那就是渔民受到获量配额与投入要素两大管理的双重约束。改革试点的省份一般分为两种情况：一是双重约束并行，但在实际管理中并非对二者都严格执行。具体表现为，原本的投入要素管理（如渔船马力大小、网眼大小、拖网长度等）依然保持运行，但限于有限的人力、物力与财力（大多投入了获量配额管理之中），渔民超出生产要素管理的捕鱼行为往往被“睁一只眼闭一只眼”，故而没有产生较大的社会矛盾。二是双重约束并行，且在实际管理中对二者都严格执行。具体表现为地方政府同时在试点范围内对渔民进行获量配额与生产要素的双重管理。其结果就是原本渔民的渔业权就因伏休禁渔管理受到挤压而无法得到充分实施，现在又因为投入要素管理而进一步被约束。此外，投入要素对渔业权的约束远大于伏休禁渔的挤压，因为伏休禁渔仅仅是对渔业权产生了时间上的压缩，投入要素则无时无刻不约束着渔业权的行使。最终，大多数渔民渔业权的行使几乎无法达到分配或流转后的配额上限，出现此类情况的省份的改革试点工作最后几乎陷入了停滞。

在科斯定理中，初始界权与减少成本是流转顺畅运行的核心要素，承担两项责任最为合适的主体是政府而非个人或组织。① 看似各方各面的诸多问题，其实可以殊途同归为上述两大核心要素中的问题：一是初始界权的问题，二是减少成本的问题。而原本应当承担起初始界权与减少成本责任的地方政府，却在改革中表现出明显的失职。

初始界权包含两部分内容：一是权利主体的判定，即给谁权利；二是权利内容的界定，即给什么权利。多省的渔业管理改革在进行第一步——权利主体的判定时，地方政府无法给予渔民信服的方案，单纯地以原有规定将 12 米以上的渔船排除于权利主体范围之外。而在进行第二步——权利内容的界定时，地方政府直接将相应职责转交给渔业协会，没有考虑到渔业协会并没有足够的能力与权威进行权利内容的界定。相较于界权工作，减少成本包含的工作内容则复杂许多，不仅包含直观意义上减少渔业权流转时交易双方花费的成本，还包括所有支持渔业权流转的配套制度、硬件、服务，甚至还包括界权之后对渔业权行使（不流转状态

---

① 参见吴建斌：《科斯理论中的界权成本及其现实意义》，载《南大法学》2020 年第 2 期。

下)的保护与管理,因为只有渔业权本身的行使是可能而有效的,且只有权利的流转具有科学而系统的支持,渔业权才可能顺畅地流转起来。但多省的渔业管理改革却将提供配套制度、硬件、服务的职责转移给了渔业协会,且未寻找或提供充足的资金支持。而在渔业权行使的保护与管理上,地方政府局限于原管理模式(投入要素管理)的相关规定,未能量体裁衣式地履行保护与管理职责,侵蚀了渔业权本身的流转价值。所以在多省的渔业管理改革中,地方政府未能良好地履行初始界权与减少成本责任。

地方政府之所以会在改革管理上出现诸多问题,直观原因是它无法兼顾获量配额与投入要素结合的双重管理。但实质上,两种管理模式存在矛盾性的差异,在实践中予以结合并行的做法并不妥当。投入要素管理是一项规制个体行为的管理模式,关注个体是否按照行为规则进行渔获行为。获量配额是一项规制行为结果的管理模式,关注个体渔获结果乃至区域渔获总结果的管理模式。强行结合必然导致实施管理的地方政府、渔业协会与被管理的渔民承担超出负荷的压力。为此,最优的做法是取消或限制投入要素管理,单行或优先行使获量配额管理;次优的做法是在并行两类管理模式时,以外力给予渔业协会支持与帮助,同时给予渔民生态补偿。遗憾的是,在渔业管理改革中,两类管理模式不仅并行,而且缺乏应有的外力支持与生态补偿。从当前政治体制、法律体系与财政结构来看,决定单行获量配额管理,或是有能力且应当为二者提供外力支持与生态补偿的主体只能是省级地方政府,但省级地方政府未能如此行事,省级地方政府的一个更优选择是,即使并不摒弃投入要素管理,也完全可以赋予下级地方政府更多的立法权限与执法权力,从而在地方立法与相应执法层面将获量配额与投入要素两种管理模式尽可能融合,也可以提供额外的人员补充、资金支持与设备技术等硬件支援,以尽可能满足双重管理的治理需要。但在多省的改革试点中,各省级地方政府仅在方针政策、指导原则与宏观部署上大动干戈,并未为本次改革设计或搭建量体裁衣的完整体系,而是任由市级地方政府自主部署与推动改革进展。这看似是“放权”于市级地方政府,实际上却使市级地方政府在缺乏依托与基线的情况下故步自封,不敢擅自突破。可以说,省级地方政府确定了由渔业协会掌管配额的计算、分配与流转,将地方政府的行政责任转移到社会组织之上,实际是对渔业管理改革悲观预期的一种责任风险防范。

当然,省级地方政府在渔业获量配额管理中的消极态度并非其刻意为之。在当前的法律体系与行政考核体系中,地方政府尤其是省级政府一直处于“吃力不讨好”的境地之中。吃力是指渔业管理改革需要地方政府付出大量的努力与成本，而不讨好指的并非渔业管理改革以短期经济利益换取长期生态利益，而是指在现有的地方政府责任体系与考评机制中，渔业管理改革的提出是一项极具创新意义的政绩，但切实推动渔业管理改革的进行却无法通过责任履行的形态转化为政绩考评上的成绩。具体而言，地方政府在自然资源领域的治理责任可以分为经济发展责任与资源保护责任。前者是通过生产总值等明确指标的计算而得以考评，以保护渔业资源为目的的渔业管理改革会导致渔业生产总值的短期下降，因而无益于它。后者并不像前者一样有明确的计算标准，而是通过考评地方政府是否有效地规制了个体行为（禁止或限制负环境外部性行为，鼓励正环境外部性行为）来予以责任评价。但获量配额是一种关注行为结果而非行为过程的管理模式，天生地不匹配于当前地方政府的责任体系与考评机制，无法做到政绩上的“工作留痕”。①此外，相较于关注个体行为的投入要素，关注行为结果的获量配额需要更多科学技术的投入，具有更多不可控的风险。因此，对于地方政府而言，提出并宣告进行获量配额的改革，但坚持投入要素的管理，是最匹配当前地方政府责任体系，且符合治理付出与政绩回报效益比的选择。

三、在渔业法律中补正环境质量责任

笔者认为，导致地方政府作出“坏选择”的元凶并非其本身的恶意，而在于外部规则的不科学。依据责任的来源，地方政府的资源保护责任可以分为行政责任与法律责任。其中，法律责任是建构整个地方政府责任体系的基础。②而法律责任来源于包括《渔业法》在内的一系列法律法规。《渔业法》第三章是捕捞业专章，除第 21 条统领性条款外，第 22 条明确规定了捕捞限额制度（未包含流转内容的获量配额管理）。但是，该条款并没有对捕捞限额的具体实施制定详细规则，省级地方政府只承担确定并下达捕捞限额总量的责任。与捕捞限额制度中笼统而模糊的责任不同，在第 23 ~ 27 条的条款中，《渔业法》为地方政府设置了审批与发放许可证责任，监管渔民作业类型、场所、时限、渔具数量和捕捞限额的责任，督促渔民撰写渔捞日志的责任，检验捕鱼船只的责任，维护渔港秩序的责任等。这些责任大多指向个体的行为规制，可以通过明确的是非标

① 参见张喜红：《论痕迹主义的治理之道》，载《社会科学战线》2021 年第 6 期。
② 参见徐祥民：《地方政府环境质量责任的法理与制度完善》，载《现代法学》2019 年第 3 期。

准进行精准评价。若地方政府对个体实施了监督、督促、管理等,即属于履行了责任。但在捕捞限额制度中,当地方政府如《渔业法》所规定的实施了捕捞限额总量的确定与下达时,看似履行了责任,其实根本无法确保捕捞限额制度科学而顺畅地运行。因为确定与下达并不包含对捕捞限额总量的科学性与效率性的评价,仅仅是对地方政府实施与否的判断。此外,即使捕捞限额总量是科学且效率的,也只是完成了捕捞限额制度的第一步。欲使制度顺畅地运行起来,离不开地方政府的基础监测建设、细分配额总量、分配渔民个体配额、保护渔民配额权利、打击超额捕捞等工作。而欲充分发挥配额捕捞制度的效率性,又需要在配额捕捞的基础上允许个体配额进行流转,这就意味着地方政府还需要完成建立市场、维护交易、传播信息、引导竞争等工作,即地方政府应当在配额捕捞制度中承担起初始界权与减少成本责任。但对照《渔业法》设置,初始界权与减少成本都不属于当前地方政府的法律责任。

除《渔业法》外,与之配套实施的《渔业法实施细则》《渔业船舶检验条例》《国务院关于促进海洋渔业持续健康发展的若干意见》等行政法规、规范性文件,在资源保护方面同样未规定捕捞限额制度应该赋予地方政府上述责任。因此,渔业相关法律缺乏地方政府应有责任的设置,导致地方政府中缺乏履行初始界权与减少成本责任的动力。

如果是法律中责任规定的缺失导致渔业管理改革的式微,那么在现有法律中为地方政府直接添补初始界权与减少成本两大责任,是否就能彻底解决这一问题呢?恐怕并非如此简单。获量配额与投入要素的关注点有着行为与结果之别,相应的地方政府责任也无法遵循同一逻辑。当前《渔业法》等法律法规为地方政府设置的法律责任主要是服务于投入要素管理,包括上文所述的审批许可证、监管捕鱼行为、控制网眼大小与渔船马力等,其履行逻辑是地方政府依照责任设置实施对应工作(规制个体行为)→留下工作痕迹(审批发放、核验结果、处罚结果等)→获得评价(个体行为是否符合法律规则)。但获量配额管理应该赋予地方政府的两大责任——初始界权与减少成本——却面临一个如何评价的问题。地方政府实施了对应工作,可能留下诸如给每个渔民颁发了配额证书、安装了配额电脑系统、搭建了市场建筑等工作痕迹,法律却无法给这些工作痕迹予以准确评价。因为获量配额管理关注着区域内所有渔民行为的总结果,目的在于确保区域渔获总量小于海域生态承载力,而地方政府留下的工作痕迹只能用来判断地方政府是否实施渔业管理改革,却无法判断实施的效果。所以法律无法像投入要素管理一样直接将获量配额管理中的两大责任添列入条款。相反,法律需要以地方政府实施工作的最终效果来判断地方政府是否履行了两大责任。换言之,《渔业法》等法律法规在宣告开展获量配额管理、规定获量配额如何管理之外,还需要设置管理结果考评机制,确保地方政府为了实现好的管理结果而承担起初始界权与减少成本两大责任。

以结果论责任,是《渔业法》等法律法规未曾真正尝试的一种做法。《渔业法》的第四章是渔业资源的增殖和保护专章,共计 10 条条款,全部是以个体行为为规制对象的规则,说明除了捕捞业之外,《渔业法》对整体渔业资源的保护都未曾以结果赋予和考评地方政府责任。在总结多省渔业管理改革的经验教训之后,《渔业法》等法律法规应以捕捞业的获量配额管理为突破口,尝试一种以结果论责任的改革。改革的第一步自然是立法上的调整与革新。以《渔业法》为例,改革主要包括以下四部分内容。首先,《渔业法》可以考虑在捕捞限额制度中加入配额流转的内容,从而将其转变为获量配额制度。在获量配额制度中,《渔业法》需要明确赋予地方政府初始界权与减少成本两大责任。初始界权责任包括确定权利主体、权利属性、权利内容、权利行使方式、权利救济方式等内容,原本已然规定的承担确定并下达捕捞限额总量的责任(确定总量责任)应当并入初始界权责任之中。初始界权的目的在于为获量配额制度提供科学而坚实的基础,通过政府的威信与强制力后盾使渔民有权可用、有权可依。减少成本责任应该围绕权利的行使与流转而设,责任内容包括从制度、硬件、软件等方面增加权利行使与流转的空间与可能,减少权利行使与流转的成本消耗与阻力损耗。减少成本责任的目的在于使权利的行使与流转变得更为顺畅,从而使渔民手中的权利得到有效增值直至最大化。

其次,《渔业法》需要为获量配额制度设置各个步骤的程序与细则,并将地方政府的两大责任内嵌入各步骤之中。作为获量配额制度中的两大主体,地方政府与个体都需要承担相应的责任,但二者的责任是有主次之分而非完全平等的。依据科斯定理中地方政府的重要地位,地方政府的责任应具有主要与优先地位,领导并支配个体的责任。此外,尽管地方政府的责任也是对地方政府工作的一种要求,但其责任履行离不开权力的赋予与规制。换言之,地方政府的两大责任必须通过获量配额制度各个步骤中地方政府的权力行使的方式得以履行。《渔业法》为获量配额制度设置各个步骤的程序与细则,应该表述为地方政府在其中具有什么权力以及如何行使这些权力。[1] 例如,《渔业法》规定需要建立配额交易市场时,也必须配套给地方政府以设定准入资格、监管市场交易、防范恶意竞争等权力。从多省渔业管理改革的经验来看,《渔业法》在给予地方政府此类权力时宜宽不宜紧,过于烦琐的权力规定不适应于当前处于摸索与发展阶段的获量配额管理。这也意味着《渔业法》在设置各个步骤的程序与细则时,需要系统而完整,但不宜过于详尽,从而确保地方政府有充足的空间与能动性去实施获量配额管理工作。

再次,《渔业法》需要设置以生态与资源效果为考核办法的责任考核机制。考核机制应该表现为预先规定某一生态与资源目标,如几年内实现某些渔业资源的生态储量达到多少额度等,并要求地方政府如期实现这一目标。当然,《渔业法》不可能为每个海域或是地区都量身定做具体的生态与资源目标,但可通过程序性规定制定出由中央相关部门担任考核主体的考核机制体系。考核机制应当分为两个部分:一是中央相关部门在结合生态承载力与地方客观社会经济状况的前提下,设计出科学合理的生态与资源目标;二是地方政府在充分的权力与责任赋予的前提下,自主实施渔业管理并最终达成预设目标。考虑到当前对于地方政府失责后的惩处在法理上仍然处于争议状态,故而《渔业法》对责任考核机制的条款设置应该着力于考核程序的完备性,进而在地方政府自身内部赋能,而不能寄希望于以事后追责来被动威慑地方政府达成目标。同时,从多省渔业管理改革的经验来看,原初围绕投入要素管理而设置的责任考核机制(考核地方政府在渔网大小、船舶马力等方面对个体行为进行规制)需要予以缩限式调整,即投入要素管理为获量配额管理让路,在地方政府通过了结果式的考核时,不再要求其逐项对应通过行为式的考核。此外,相较于当前行为式的考核机制,结果式的考核机制可以确保地方政府会自主地追求资源与生态目标,而非痕迹性地完成渔业管理工作。同时,结果式的考核机制又良好地衔接了《渔业法》赋予地方政府的各项权力,确保地方政府的权力行使最终指向生态与资源目标,防止地方政府肆意行使权力或是权力寻租。

最后,《渔业法》需要为获量配额制度建构完备的科技支撑体系。获量配额管理是以科学的规划与监测为前提的,无论是中央对配额总量的发布,还是地方政府分配配额或是依照配额进行渔业管理,都需要完备的软硬件支撑。《渔业法》应以建构这些支撑为目的,以兼容并包为原则,

---

① 参见刘文钊、李志文:《论渔业权及其性质》,载《理论与改革》2015 年第 5 期。

通过公众参与、专家草案、多方会谈、循环论证等路径，将中央、地方政府、公众与技术专家纳入体系之中，最终实现科技支撑与获量配额之间相互保证与相互促进的正向循环。

第七章　环境质量责任视角下的制度建构（生态保护篇）

第一节　环境质量责任视角下河林长制度的革新

一、河林长制度概述

2021年1月，中共中央办公厅与国务院办公厅联合发布了《关于全面推行林长制的意见》（以下简称《林长制意见》），要求地方各级政府依照自身实际情况将"林长制"予以贯彻执行。《林长制意见》的颁布，不仅宣告了"林长制"在全国范围内的正式确立与推行，更代表了对"先行者"——"河长制"的认可与肯定。近年来，"河长制"取得的瞩目环境治理成效，使党中央坚定地践行"环境保护责任制"之路，其中不仅包括"林长制"与"河长制"，也包括在各地已有广泛实践的"湖长制"与"山长制"等。在此背景下，学界以"河长制"为重点、以"林长制"为热点的相关研究层出不穷，不仅试图为两长制提供更为完善与科学的优化方案，更欲从中提炼出相应的机制逻辑，进而从根本上助力我国环境法治的发展与革新。

河长制为何能取得显著的环保成效？为了回答这一问题，多方研究别出机杼，总结起来主要包括以下三个方面：压力强化、化零为整与因地制宜。首先，河长制极大地强化了地方政府进行环境治理的压力。最初，由于环境治理牵涉到千丝万缕的利益关系与平衡协调，地方政府自主进行环境治理的压力不足。尽管在中央对地方政府的考核中，环境治理占据越来越重要的地位，但其永远只能在同一考评体系中追逐而无法超越经济发展等其他考评因素。而河长制围绕地方政府的"治河绩效"建立了一套单独的考评体系，从而完整地将纵向的、来自中央的环境治理压力传导于地方政府之上，避免了环境治理在与其他治理压力的直接博弈中出现削弱与分散。[①] 同时，河长制还强化了地方政府进行环境治理的横

① 参见李波、于水：《达标压力型体制：地方水环境河长制治理的运作逻辑研究》，载《宁夏社会科学》2018年第2期。

向压力。作为生态环境的受众,公众、社会组织、企业、媒体等社会各界都存在强烈的环境治理需求。理想状态下,社会各界的环境治理需求会通过各类公众参与渠道传达至地方政府,进而对地方政府产生横向的环境治理压力,驱动地方政府实施环境治理。但实际上,当前地方政府的环境治理压力主要还是来源于纵向的中央层面,这既有公众参与渠道不顺畅等原因,也因为横向压力没有焦点,即社会各界并不清楚由谁、如何、为何种环境治理负责。而河长制在河流治理上为社会各界提供了明确的责任对象、责任内容与监督方式,重新聚焦且实质强化了环境治理的外部压力。①

其次,河长制将原本碎片化的河流治理整合起来,实现了分层与统一的有机结合。河流的环境治理一直面临碎片化问题,表现为污染结果与污染行为、环境治理成效与环境治理行为在空间、时间上的脱离。尤其是流域范围宽广、跨越多个行政区域的大型河流,地方各级政府都能影响却又不能决定其环境质量状况,各方党政领导应当承担环境治理责任却又无法承担环境治理全责,不同的行政部门缺乏统一的环境治理统筹与协调。而河长制有效地改变了碎片化治理的困局,将跨越省级行政区域的河流以省级领导担任分段河长,将省级行政区域内的河流以省级领导担任总河长,以各县市领导担任分段河长,同时,以党政领导担任的河长为"伞",组织相应河流的管理和保护工作;由河长办公室承担相应的协调、监督、引导、沟通等工作;由涉水行政部门进行具体的治理工作。各级河长通过各个区域的水资源管理委员会和跨部门联席会议,解决以往碎片化治理中的责任转嫁、政策与治理冲突、治理遗漏与沟通不顺等问题,做到信息共享、统一监控、相互监督、协力管控,最终在科层制框架内实现碎片化的缝合。②

最后,河长制实现了河流治理中因地制宜的"空间嵌入",即制度嵌入所在的空间,从而根据客观情况、发动群众来实现制度目标。空间嵌入的前提是根据治理的对象空间实施整体性的治理,即上文提及的河流生态整体治理。然后通过多元主体的集合和相互交叉,使各主体与客体之间达到均衡、共享、共融的和谐状态。表现为河长制从当地的自然与社会情况出发,发动河流周边的群众参与河流的环境治理,并使政府、企业与

① 参见熊烨:《跨域环境治理:一个"纵向—横向"机制的分析框架——以"河长制"为分析样本》,载《北京社会科学》2017年第5期。

② 参见任敏:《"河长制":一个中国政府流域治理跨部门协同的样本研究》,载《北京行政学院学报》2015年第3期。

公众的利益尽可能地通过保护河流环境来获得共赢。

尽管林长制与河长制的治理对象截然不同,但其实现显著治理成果依然不外乎上述三大原因:压力层层下压的五级林长体制,部门齐抓共管的林区整体管理,以及社会广泛参与的林区公治。稍有不同的是,林区与河流的环境属性不同,如林区很少跨越多个行政区划,因而林长制与河长制在具体设置上存在差异。综观林长制与河长制的相关研究,学者们总结的三大因素较为充分地解释了当下两长制为何能取得显著成效。但学者们并未意识到,其实两长制的贡献远不仅限于此。河长制与林长制不仅良好地实现了各自领域的环境治理,更为环境法律中一个重大问题"地方政府环境质量责任之问"提供了解决思路。《环境保护法》第 6 条第 2 款规定"地方各级人民政府应当对本行政区域的环境质量负责",然而无论是《环境保护法》还是其他环境保护法律都并未详细规定地方政府如何从法律层面为环境质量负责,从而形成了环境法中的经典问题——地方政府环境质量责任之问。对此,下文将从河长制与林长制的成功经验出发,详细解释二者为何在实质上解决了地方政府环境质量责任之问,并就环境法律体系中该问题的整体解决进行探讨。

二、河林长制度的双重责任纠缠

河长制与林长制是一种责任制,那么其责任主体是谁? 直观地看,二者的责任主体是地方政府的党政领导。河长制是将流经多个省级行政区划的超大河流(如长江、黄河)分段设立河长,由省级党政领导担任;对于省级行政区划内流经多个市级行政区划的大型河流(如钱塘江)设立总河长,由省级党政领导担任;对于流经多个县级行政区划的中型河流或大型河流的分段、支流设立河流长或河段长,由市级党政领导担任,并依次向下类推,最终实现从整体治理到包干治理的系统覆盖。[①] 同样,林长制实施的是省、市、县、乡、村五级林长负责制,省级领导为总林长,市、县(市、区)、乡镇(街道)和村(社区)的党政领导担任各级别的林长,也就是说,林长制的责任主体也是党政领导。[②] 不同流域的河流与不同区域的山林对应不同层级的党政领导。

让地方政府的党政领导为环境保护负责并非两长制的首创,《党政

① 参见黎元生、胡熠:《流域生态环境整体性治理的路径探析——基于河长制改革的视角》,载《中国特色社会主义研究》2017 年第 4 期。

② 参见朱凤琴:《安徽省林长制改革的制度创新与提升路径》,载《林业资源管理》2020 年第 6 期。

领导干部生态环境损害责任追究办法(试行)》为地方政府的主要党政领导设立了八项责任条款:第1、2条是要求主要领导在公共行政中作出的决策不能违背中央环保指令、上位政策与法律法规;第3、4条是要求主要领导在公共行政中不能突破、违背自身辖区内的环境保护承载力与环保需求;第5条是要求主要领导积极推进跨区域环境保护合作;第6条要求主要领导为特别严重的环境事件承担责任;第7条是要求主要领导尊重环保司法与环保督察。除第8条兜底条款外,该办法赋予地方政府主要领导的环境保护责任是一种宏观上的统筹责任,它并未要求主要领导实施某一环境治理行为,而是为主要领导的整体行政治理设立一个约束框架,即为其设立了行政治理不作为的消极责任。此外,该办法为地方政府的相关党政领导设立了五项责任:第1、3条是要求相关领导积极、正确地监督环保部门尽职规制污染环境主体的准入与经营;第2条是要求相关领导积极、正确地监督环保部门的环境监管与治理工作;第4条是要求相关领导积极、正确地查处严重的环境破坏事件。除第5条兜底条款外,该办法赋予地方政府相关领导的环境保护责任是一种上位的监督责任,它同样并未直接要求党政领导实施某一具体的环境治理行为,而是为党政领导的上位监督设定一个内容框架,即为其设立了上位监督的积极责任。

林长制与河长制赋予党政领导的责任内容,一言以蔽之,是各流域或林区的环境保护责任。中共中央办公厅与国务院办公厅联合颁布的《关于全面推行河长制的意见》将“保护水资源、防治水污染、改善水环境、修复水生态”作为主要任务,将“坚持生态优先、绿色发展……促进河湖休养生息、维护河湖生态功能”作为第一基本原则,简洁明义地将流域水资源与水环境的保护作为各级河长的主要责任。而水利部颁发的《关于推动河长制从“有名”到“有实”的实施意见》将流域生态环境保护责任进一步细化为八部分内容:清“乱占”、清“乱采”、清“乱堆”、清“乱建”、防范“水多”、防治“水少”、整治“水脏”与减少“水浑”。同样,中共中央办公厅与国务院办公厅联合发布的《关于全面推行林长制的意见》将“森林草原资源生态保护、森林草原资源生态修复、森林草原资源灾害防控、森林草原领域改革、森林草原资源监测监管、基层基础建设”作为主要任务,将“坚持生态优先、保护为主……生态保护修复,保护生物多样性,增强森林和草原等生态系统稳定性”作为第一原则,也是将林区森林资源与森林环境的保护作为各级林长的责任。林长制要解决的主要环境问题尽管与河长制不同,更多地聚焦于林业资源可持续利用与当地经济发展

（尤其是林区周边居民扶贫）的平衡上，[①]但追根溯源，二者赋予党政领导的责任内容殊途同归于各流域或林区的环境保护之上。

尽管同为环境保护责任，但两长制赋予的责任与党政领导传统的环境保护责任存在很大不同。这一不同并非指二者在环境保护区域上的不同（两长制的环境保护限于流域与林区，传统责任的环境保护覆盖各个方面），而是指二者在责任性质上的不同。传统责任是一种行为式责任，无论是主要党政领导，还是相关党政领导，其传统责任都要求其实施或禁止某些行为。这些行为可能是直接的环境治理行为，也可能是间接影响环境治理的行为，都具有明确的行为内容、界限与程序，亦都有清晰的责任履行与否的判断标准。而两长制的责任是一种目标式责任，表现为实现某一类的环境保护目标。这里的环境保护目标并不是笼统的概述，而表现为某一流域或林区某一方面生态的具体治理目标以及最终的整体环境质量目标。河长制中的清“乱占”“乱采”“乱堆”“乱建”并不代表简单的清理行为，而表现为干净有序的流域开发环境；治理“水多”“水少”“水脏”“水浑”更不是简单地治理了之，而表现为优良的流域环境质量。林长制中的资源生态保护、资源生态修复、灾害防控等更是复杂的林区生态目标，而不是某一或某些保护、修复或防控行为。同时，源于不同地区差异极大的自然环境与社会状况，这些环境保护目标也无法以精确的行为集合来概括，即无法事先预设好实施或禁止哪些行为必然达成环境保护目标。因此，目标式责任不具有绝对精确的实现方式，在履责与否的评判标准上也就无法如行为责任一般轻易判断。综上所述，两长制赋予领导的环境保护责任与传统的环境保护责任之间存在目标式责任与行为式责任之别。

在政治关系中，让领导在某些行政领域承担目标性责任是十分常见的，而在环境保护领域，让领导为某一或某些环境保护目标承担责任也已然成为一种常态。例如，中共中央会要求地方政府的领导确保辖区内的大气污染物的排放削减至某一定量，大气环境质量达到某一水平；或是要求地方政府的领导确保辖区内的农业用地高于生态保护红线。[②] 若领导履行了这些目标性责任，就能在官员锦标赛中获得更多的政绩加分；若领导未能履行这些目标性责任，就会丧失政治晋升的机会，甚至遭受政治

① 参见秦国伟、董玮、田明华：《林长制改革的内涵机制、逻辑意蕴与生态扶贫——以安徽省为例》，载《生态经济》2020 年第 12 期。

② 参见李干杰：《“生态保护红线”——确保国家生态安全的生命线》，载《求是》2014 年第 2 期。

处分。

但在法律关系中,难见赋予党政领导典型的目标性责任。限定党政领导为责任主体的责任,主要包括以下几个方面:一是禁止实施违反宪法性法律的违法行为,包括破坏国家统一、破坏民族团结、损害国家利益等;二是禁止实施违反行政决策程序的行为,包括应上报事项不上报、不经过民主程序作出行政决策、拒不执行中央命令等;三是禁止实施违反选拔程序与考核程序的行为,包括制作虚假档案、打击报复举报、诬告陷害等;四是禁止实施违反行政管理程序的行为,包括“吃拿卡要”、滥用职权、不依法公开等;五是禁止违反出国的规定,包括违规办理出国证件、违规出国、违规获得他国国籍等;六是禁止违规为自身、他人与集体谋取利益,包括贪污受贿、以权谋私、违规发放薪酬福利等;七是禁止实施违反公序良俗的行为,包括参与赌博、不履行赡养义务、家庭暴力等。而在环境保护法律中,以党政领导为责任主体的责任同样也是其他公务人员的责任,主要是在环境治理领域中违反行政决策与行政管理程序的行为禁止。例如,《环境保护法》第68条规定对于“不符合行政许可条件准予行政许可的;对环境违法行为进行包庇的……将征收的排污费截留、挤占或者挪作他用的;法律法规规定的其他违法行为”,党政领导需承担相应责任。又如,《水污染防治法》第80条规定对于“不依法作出行政许可或者办理批准文件的,发现违法行为或者接到对违法行为的举报后不予查处的,或者有其他未依照本法规定履行职责的行为的”,党政领导需承担相应责任。由此可见,党政领导的法律责任都是行为性责任,且往往表现为禁止某些行为的消极责任。

对于党政领导这一主体而言,两长制赋予的目标性责任是政治责任,领导通过完成各个河流与森林的环境保护目标,获得更多的政绩加分,同时也可能因为履行责任不力而遭受警告、约谈与处分。两长制赋予的责任与传统政治关系中的环境保护责任既独立又有联系与重合。在过往的政绩考核中,环境保护已经提升到“一票否决”的高度,但更多的是作为官员锦标赛中的底线而非上限。① 两长制赋予的目标性责任,是限定于河流与森林这两个特定生态系统的环境保护,是独立于整体环境治理的新内容,是环保绩效考核的新内容。但它又通过失责后的政治处分而与整体环境治理相连,表现为会因为失责而遭受同样的政治处分(包括警

① 参见陈硕:《“硬指标”的“软约束”:干部考核“一票否决制”的生成与变异》,载《四川大学学报(哲学社会科学版)》2020年第1期。

告、记过、降级、撤职等）。此外，两长制赋予的目标性责任不是一种党政领导的法律责任，也难以将之纳入法律责任的范畴。现有的法律关系中尚不存在以个体为主体的目标性责任，且目标性责任的积极属性与领导传统法律责任的消极属性并不相符。如果试图将之纳入法律责任的范畴，则难以符合处罚与过错相适应的法律原则。未能治理好河流或者森林，未能将二者生态环境质量提升到预设水平，并不意味着领导未竭尽全力地付出环境治理努力。环境质量水平受环境治理努力的影响，但并非必然由其所决定；环境治理效果受制且依托于经济发展水平与社会客观状况，不佳的环境治理效果并非一定是领导的过错导致的；环境治理效果与环境治理努力之间的因果联系存在时间差，当不佳的环境治理效果出现时，可能是上一任领导的过错导致的。因此，目标性责任不适合纳入领导的法律责任范畴。

两长制赋予的目标性责任不是且不能是党政领导的法律责任，但这并不意味着它不能是法律责任。尽管党政领导是自然人，但他在法律关系中并不仅仅代表其个人。担任河长与林长的是党委或政府的党政领导，而非环保部门的党政领导，意味着两长制并非仅仅将河流与森林的环境治理视为环境治理工作的一部分，而是将之置于整体行政之中。此时，地方政府的党政领导不仅是在践行自身的个体责任，更是在代表地方政府这一主体履行其整体治理责任。表现为河长与林长的工作并非直接对河流与森林进行治理，而是确保对二者的环境治理科学有序。以河长制为例，直接负责河流环境治理的是环保部门，以及部分承担或影响环境治理工作的水利、住建、发改、国土、农业、卫生等部门。尽管有些部门并非垂直管理，但这些行政部门在“职责同构”的结构中都或多或少地表现出“自上而下”“上下对口”“左右对齐”的特点。在河长制推行之前，地方政府的党政领导尽管在名义上负责领导河流环境治理工作，但受制于行政机构的上述特点，党政领导并不能“主导”河流环境治理工作。[①] 此外，地方政府的党政领导所谓的领导责任，看似是一种“全能责任”，什么都可以管，但其实并未被有效地确权，加之党政领导侧重于经济与社会发展而缺乏真正管理环境治理的热情，导致党政领导的领导责任并未发挥出应有的功效。[②] 也就是说，原初地方政府尽管在理论上担负了环境治理

① 参见刘芳雄、何婷英、周玉珠：《治理现代化语境下“河长制”法治化问题探析》，载《浙江学刊》2016 年第 6 期。

② 参见郝亚光：《“河长制”设立背景下地方主官水治理的责任定位》，载《河南师范大学学报（哲学社会科学版）》2017 年第 5 期。

的领导责任，但实质上并未真正承担起应尽的环境保护责任。

在推行河长制之后，以环保部门为主的行政部门依然承担具体的河流环境治理工作，但河长制明确了地方政府的党政领导为河流环境治理负责。这里的负责分为两个层面：一是面向中央与上级政府的，在规定时间内与划定区域内环境治理成效的实现；二是面向行政部门与下级政府的，统筹、规划、协调、巡查等权力与职责。[①] 换言之，一方面，党政领导执行的仍然是地方政府的整体治理工作，而非具体的环境治理工作，说明党政领导仍然代表地方政府而非行政机构在履行责任；另一方面，党政领导代表地方政府实施了科学而有针对性的河流或森林环境治理工作，并通过最后的治理成效向中央与上级政府负责。对于中央与上级政府而言，其不仅关注对主要领导的政绩考评，更关注地方政府是否严格执行了其下达的环境保护指令，并是否将河流与森林治理到预设的环境质量水平。而对地方政府而言，其并非简单地因为上级权威而服从，而是根据相关法律法规设置的从上到下的系统的责任分配，切实地履行自身的环境保护责任。正如《环境保护法》第6条第2款的规定"地方各级人民政府应当对本行政区域的环境质量负责"，只有党政领导被赋予直观而非模糊的环境治理任务，并将统筹、规划、协调、监督环境治理纳入整体治理的布局中，才算是地方政府"对本行政区域的环境质量负责"。

综上所述，两长制赋予的目标性责任既是党政领导的政治责任，也是地方政府的法律责任，党政领导通过切实地将环境治理与整体治理相结合，改变了地方政府以往在环境保护法律责任上的缺失。

三、围绕环境质量责任实现责任统一

赋予地方政府目标性责任，并非仅是一种赋予党政领导目标性责任在地方政府这一主体上的简单复制，而且是根据《宪法》与《环境保护法》的相关规定而进行的重大法治创新。《宪法》第26条第1款规定："国家保护和改善生活环境和生态环境，防治污染和其他公害。"《环境保护法》第6条第2款规定："地方各级人民政府应当对本行政区域的环境质量负责。"由此可见，国家将环境保护作为一项宏观的国家任务，而地方政府代表国家承担这一任务，履行环境法律责任。从现有的环境保护法律设置上看，地方政府的环境法律责任往往被解读为监管个体不法环境行为

① 参见曹新富、周建国：《河长制何以形成：功能、深层结构与机制条件》，载《中国人口·资源与环境》2020年第11期。

的责任与实施正外部性行为的责任。但这些责任的履行并不能确保地方政府自身辖区内的环境质量提升到优良的标准。例如,北京市与上海市在全国最先实施机动车尾气排放国五标准,但机动车尾气依然是两市后续大气污染的主要来源之一。① 有学者将之总结为"不法惩罚"主义下地方政府环境法律责任与环境质量目标之间的偏离。继而,在纠正"不法惩罚"主义错误的基础上,提出以"环境质量目标主义"赋予地方政府合理的环境法律责任——环境质量责任。环境质量责任是按时达到预设的环境质量目标的责任,不同于监管责任与正外部性行为责任,它不通过惩罚性的追责来威慑地方政府履行责任。地方政府党政领导与地方政府自身在法律关系中是不同的法律主体,追责党政领导并不完全等同于追责地方政府。而根据现有的行政法律的相关规定,法律对地方政府的追责仅限于对具体行政行为的追责,包括在实施错误的行政作为或不作为后的撤销行政行为、履行行政职责、变更行政行为、赔偿或补偿等。当地方政府未能如期达成预设的环境质量目标时,并不会因此承担任何不利的法律后果。因此,"如何确保地方政府履行环境质量责任"就成了地方政府履行环境法律责任的关键之问。

有学者认为,虽然当前法律设置并未对地方政府在环境质量责任上的失责作任何应对性规定,但根据现有的党政体系与行政设计,法律可以授权地方人大及其常委会对地方政府履行环境质量责任的情况予以监督,并在其失责后予以惩处。② 这一观点受到了其他学者的质疑,认为其虽然看到了人民代表大会对地方政府行政的监督功能,但错误地理解了地方政府的环境质量责任。地方政府的环境质量责任是一项"建设性"的责任,而非一种可以事后追责的、承担不利后果的消极责任。因此,环境质量责任并不需要法律为之设计失责之后的惩罚性追责,而应通过制度设计将环境质量达标机制贯彻到地方政府的环境治理工作中。对环境质量责任的"建设性"解读更符合《宪法》与《环境保护法》的立法原意,但持此观点的相关研究并未给出完整的制度建构设计,且我国现有的制度设计与法治实践也不能为此观点予以充分的实践支持,进而使环境质量责任之问一直悬而未决。

两长制的出现,为解决环境质量责任之问提供了实例曙光,它通过河

---

① 参见颜如玉:《上海市空气质量指数及污染源研究》,上海师范大学 2019 年硕士学位论文,第 38 页。

② 参见章楚加:《环境治理中的人大监督:规范构造、实践现状及完善方向》,载《环境保护》2020 年第 Z2 期。

长与林长两个新职位的设立以及围绕二者的一系列制度构建，有机地结合了主要领导负责与地方政府负责，将“建设性”的环境质量责任付诸实践。结合上文对两长制相关责任的分析，可以将之总结为以下三大要素：一是在现有制度赋予行政部门具体的环境治理职能之外，也赋予地方政府具体的环境治理职能；二是将新赋予的环境治理职能融于地方政府的宏观治理之中；三是以标准化的环境质量目标达标机制考核地方政府的责任履行情况，并将地方政府的建设性责任与主要领导的消极性责任予以统一。

尽管党政领导本人的法律责任与地方政府的法律责任是分开的，但在环境治理的行政关系中，党政领导代表地方政府作出治理决策，两长制赋予地方政府的党政领导具体的环境治理职能，实质是赋予地方政府具体的环境治理职能。[①] 最初，包括环境保护机构在内的环境相关行政机构负责具体的环境治理工作，而地方政府承担领导职能。但所谓的领导职能在具有原则性特征的同时也表现出内容的模糊性，使地方政府在经济趋利性下有足够的空间来规避环境保护法律赋予其的环境质量责任。两长制以具体的流域或林区环境质量达标来践行环境质量责任，通过统筹、规划、巡查、协调等具体的环境保护职责为地方政府构建出一个在特定环境领域中权力与责任相匹配的制度体系，不仅贯彻了环境质量责任的“建设性”之义，同时也铺设了地方政府环境质量责任的履行之路。在两长制之外，环境法治欲真正赋予地方政府环境质量责任，首先应为地方政府设置具体的环境治理职责，这些职责不仅包括两长制中流域与林区环境治理的统筹、规划、巡查、协调等职责，也应将之扩展至所有的环境保护领域，如大气污染防治、噪声污染防治、农业环境保护等，并将之发展为更系统、精细且科学的职责体系，如制度性的联席会议、科学工作者组成的指导团队、公共参与的整体规划等。这些具体的环境治理职责不是覆盖、冲突于环境相关行政机构的环境治理职责，而是用于确保相关机构环境治理的科学与效率，防止它们单纯地为规制个体环境行为而进行治理，最终使地方政府与相关机构勠力同心，为提升辖区内环境质量而努力。

为地方政府设置具体的环境保护职责，并不意味着地方政府孤立地行使这一职责。之所以让地方政府而非环保相关机构或独立另设机构来行使这一职责，一大重要原因就是希望地方政府不要孤立地履行职责，而

① 参见陈海嵩：《中国生态文明法治转型中的政策与法律关系》，载《吉林大学社会科学学报》2020 年第 2 期。

是将之融入宏观治理之中。以往,环保相关机构在进行环境治理时会面临各类阻力,其中就包括来自地方政府的经济增长与社会发展压力。将环保相关机构设置为“上下对口”与“左右对齐”的双管制,也是希望能通过建制方式来帮助其对抗来自地方政府干扰环境治理的压力,但收效甚微。① 两长制让地方政府承担起具体的环境保护职责,意味着地方政府在进行宏观治理时,不仅要履行经济增长与社会发展职责,同时也要履行环境保护职责。这些职责不仅作为地方政府党政领导在政绩考评时的一个考评维度,同时也成为地方政府宏观治理的一部分。例如,河长与林长在履行环境规制这一职责时,并不是孤立、简单地规划未来环境治理的内容、方式与程序,而是在宏观治理的整体规划中考量、定位和筹划环境保护规划。当某些经济增长或社会发展规划与环境保护规划冲突时,地方政府就必须调整相应规划并努力使之保持平衡。尤其是流域与林区生态破坏极其严重时,地方政府就必须严控任何可能进一步加剧生态破坏的开发规划。两长制的经验显示,地方政府的环境质量责任并非一种孤立的环境保护责任,环境法治只有将具体的环境保护职责融入宏观治理之中,才能确保环境质量责任的切实履行。

即使是“建设性”的环境质量责任,亦需要对其履责情况进行考核。考核的方式是评判地方政府是否在规定时间内在自身辖区达成了预设的环境质量目标,而不是是否执行了上述具体环境保护职责。考核不达标的后果包括对党政领导的惩罚性追责,也包括对地方政府错误履责的纠正与补救。将环境质量目标的达成作为责任履行的考核标准,可以有效地避免环境法治与环境质量提升之间产生偏差,确保地方政府无法通过执行具体的环境职责来逃避环境质量责任的最终履行。以河长制为例,考核河长责任履行的清单中包括河水水质(消灭黑水体和劣五类)与流域“七无”(水体颜色无异常;水体气味无异常;河面没有成片垃圾与病死动物;河岸无垃圾堆放与违法建筑;河底无垃圾与污泥淤积;河道无非法排污口;河道无未经处理的污水直排)等。② 当考核未能通过时,河长本人可能承担政治处分,亦可能因为失责而影响其职位任免。而中央或者上级政府会在地方政府的考核未能通过后,对其进行纠正与补救,或是直接干预河流的环境治理,或是任命新任河长与制定新河长考核制度,或是

---

① 参见熊超:《环保垂改对生态环境部门职责履行的变革与挑战》,载《学术论坛》2019 年第 1 期。

② 参见韩志明、李春生:《责任是如何建构起来的——以 S 市河长制及其实施为例》,载《理论探讨》2021 年第 1 期。

批评、督促地方政府在规定期限内进行重点治理以重新通过考核。环境法治应当充分吸收两长制的成功经验,理性看待党政领导的政治责任与地方政府的法律责任,通过环境质量达标这一考核机制将二者予以辩证的统一,共同致力于环境质量的提升。

河长制与林长制是我国环境法治一项重大的制度创新,它不仅在河流流域与森林林区的生态环境保护上取得了丰硕的成果,亦为地方政府承担起环境质量责任提供了宝贵的先行经验与践行范例。诚然,环境质量责任之问并不会因为两长制的出现与发展而立刻得到彻底解决,但两长制对传统法治中地方政府环境法律责任的纠偏,以及对地方政府法律责任与党政领导政治责任的辩证统一,为环境质量之问的彻底解决照入了希望的曙光。我国环境法治应当充分吸收两长制成功经验中的三大要素:具体的环境治理职责、融入宏观治理与环境质量达标。根据不同环境领域的客观情况与切实需求,构建起赋予并督促地方政府履行环境质量责任的制度体系,将环境质量责任的"建设性"从理论转变为现实。

第二节　环境质量责任视角下自然区划法律的革新

一、自然区划法律概述

2021 年 3 月 1 日,《长江保护法》正式实施,一时间全国上下关注环保的仁人志士无不欢欣鼓舞,认为其是环境保护立法一个里程碑式的胜利。作为第一部全国性的自然区划单独立法,《长江保护法》不仅直接作用于未来长江流域的生态环境保护,也会对全国环境法治产生深远的影响。为了进一步发挥《长江保护法》在环境法治领域的积极作用,环境法学界围绕其展开了一场热烈的讨论,并贡献出诸多极富见解的研究成果。

然而,丰硕成果的背后却留有一丝遗憾:学者在研究《长江保护法》更为系统的生态理念、更为严格的法律规制之时,却未能以其为突破口,在"自然区划单独立法"这一环保法治的重要议题上进行更为深入的探索。事实上,由于我国立法一贯秉承"宜精不宜多"的理念。在《长江保护法》颁布之前,学界与实务界曾围绕"是否需要在繁多的环境法律之外为自然区划的环境保护单独立法"进行过激烈的争论。诚然,《长江保护法》的颁布为争论提供了一个肯定性的回答,但这并不足以彻底解决争论中提及的所有问题:为何自然区划需要单独立法?什么样的自然区划可以单独立法？自然区划法应该如何立法？随着与《长江保护法》类似的《黄河保护法》与《青藏高原生态保护法》的颁布，上述有关自然区划单独立法的问题更是迫切地需要学界予以细致回答。

早在21世纪初，就有学者提出“长江流域应当进行单独立法”①。2016年1月5日，习近平总书记在重庆召开推动长江经济带发展座谈会讲话强调“要抓紧制定一部长江保护法，联动修订水法、航道法等，让保护长江生态环境有法可依”。随后，中共中央组织了大批量的专家学者为此进行调研论证，最终于2018年9月发布的《十三届全国人大常委会立法规划》中，《长江保护法》被列为第一类项目第四十一项。2020年12月26日，《长江保护法》经第十三届全国人民代表大会常务委员会第二十四次会议表决通过，并于2021年3月1日施行。毫无疑问，《长江保护法》是一部顺应万众期待的法律，是中央与众多关心长江环境保护的仁人志士长期努力的结果。但这并不意味着长江流域单独立法是随着学理发展与实践演化而来的顺水推舟之举。相反，长江流域单独立法并不迎合学理上“立法节制”的理念与环境法治上“从分到合”的趋势。

我国立法学界一直秉承着“节制”这一理念，即部门立法“宜精不宜多”，解决社会新问题的法律思路应当是不断革新与完善法律设置与规制，确保既有立法的与时俱进，而非直接以新立法来予以应对。否则，必然会造成法律体系的混乱、法律法规的重叠与法律效力的疲怠。② 因此，在《环境保护法》与《水法》等法律之外为长江流域单独立法，在直观上并不迎合学理上“立法节制”的理念。

环境保护法并非一个具有悠久历史的法律体系，我国较早的环境法律可以追溯到1950年的《矿业暂行条例》、1979年的《森林法(试行)》等某一特定环境情景下的保护法律。直到1979年我国才诞生第一部综合性的环境法律——《环境保护法(试行)》。但随着环境法治的发展与进步，我国环境法律体系不断整合零散的各类环境分支法律法规，逐步形成了以《环境保护法》为主干，以《海洋环境保护法》《大气污染防治法》等法律为枝叶的系统性法律体系。③ 此外，应模仿《民法典》制定并颁布环境保护法典，尽可能以“大而全”的法典统率整个环境法律体系已然成为学界与实务界的共识与努力方向。所以说，我国环境法治的发展路线是

---

① 吕忠梅:《长江流域水资源保护统一立法刻不容缓》，载《内部文稿》2000年第8期。

② 参见顾爱平:《节制是立法者的美德——兼论立法理念的错位与变革》，载《江苏社会科学》2010年第5期。

③ 参见徐以祥:《论我国环境法律的体系化》，载《现代法学》2019年第3期。

“从分到合”，且隐然出现“大一统”的趋势，《长江保护法》的颁布也并不迎合环境法治的上述趋势。

《长江保护法》自提出到正式实施历经20余年，说明这是我国政府经过长期熟虑后作出的谨慎决定，它对学理和环境法治的“不迎合”不足以盖过长江流域单独立法之必要。但关注“不迎合”并不会因此变得毫无价值，甚至比颁布前的关注更具深远的意义。因为《长江保护法》不只是一部长江法，更是首部自然区划立法。在它颁布之前，对“不迎合”的关注只是导向“应不应该为长江流域单独立法”的问题，而在它颁布之后，对“不迎合”的关注则演绎为三个更为复杂的问题：一是更多的自然区划单独立法是否有必要？二是什么样的自然区划应当被单独立法？三是自然区划法应当如何制定？回答上述问题不仅是对《长江保护法》的进一步巩固，更能为后续自然区划单独立法提供坚实的理论支撑与科学的范式指导。遗憾的是，在《长江保护法》颁布之后，尽管学界对其充满了研究热情，但相关研究却多集中于该法对长江生态环境的影响。例如，《长江保护法》以整体生态观保护长江环境；《长江保护法》中的生态流量保障制度等。① 尽管也有提及《长江保护法》在环境法律体系中的地位问题，或是《长江保护法》与《刑法》的衔接问题，②但也仅是就长江流域讨论《长江保护法》，而未能将其作为第一部自然区划法置于更为长远的视角之上，对后续立法的支撑与指导也就无从谈起了。

二、自然区划法律的独立立法要件

从自然科学的角度，自然区划这一概念不仅包含许多类型，也包含许多层级。显然，不可能对所有的自然区划都单独立法，否则我国的环境法律体系将成为“一锅大杂烩”。那么随之而来的问题就是，如果自然区划单独立法是必要的，那么什么样的自然区划需要单独立法呢？回答这一问题，还应回到自然区划环境保护与现有环境法律的两个“不洽”之处。

第一个不洽之处在于自然区划环境保护的特殊性与现有法律的普适性的不洽。以《环境保护法》为代表的环境法律强调对个体行为的规制，通过为个体行为设定禁令或是行为规则来实现环境保护的目的。其针对

---

① 参见徐海俊、秦鹏：《流域立法视角下生态流量保障的制度供给——以长江流域为例》，载《中国人口·资源与环境》2021年第2期。

② 参见夏勇、范煜：《论〈长江保护法〉与〈刑法〉的对接》，载《中南民族大学学报（人文社会科学版）》2022年第2期。

的对象是虚指的个体(行为),而非特定的或是某一情境下的个体(行为)。因此,环境法律设置的禁令或是行为规则具有普适性,表现为设置较为原则性的某类禁令而非明确某一行为的禁令,或是设置践行行为规则的程序而非直接可以使用的行为规则。此外,禁令只是禁止大概率产生较为严重后果的环境破坏行为,或是行为规则的标准取污染程度适中的平均值。这里的“大概率”“较为严重”“污染程度适中”是相对于全国整体环境质量、污染排放水平、经济发展状况与社会发展水平等宏观情况而言的。环境法律如此设置是基于其法律定位与效力范围的考量,过于直接或是过细的禁令或是行为规则都会阻碍其法律实践。

而从法律传统上看,针对虚指的个体(行为)进行行为规制不会在具体情境的法律实践中造成法律设置与规制治理的脱节。因为绝大多数法律的调整对象是人与人之间的社会关系,即使是特定情境下的实体,其行为与法律关系一般也不会与法律的调整对象出现偏差,但在自然区划环境保护上却不能如此轻易地保持一致。尽管环境法律调整的依然是社会关系,但生态环境是该社会关系中举足轻重的一环,生态环境的特殊性会直接导致社会关系的特殊,进而使应当被规制的个体行为变得特殊。例如,长江流域面临的一个重要环境问题是生态流量过少,其导致的直接后果是水质自净能力变差、渔业资源枯竭、水文环境恶劣等。但《环境保护法》对于涉水环境行为的规制只是要求达标污染排放、禁止过量捕捞等,《水法》也仅仅在第30条提到“应当注意维持江河的合理流量和湖泊、水库以及地下水的合理水位”,二者没能为长江流域生态流量的保护提供法律供给。此外,总磷是长江流域的首要污染物,防治总磷污染是长江流域环境保护的重要任务之一。但《环境保护法》与《水法》只是对一系列有可能造成水体污染的行为进行泛泛规制,未能突出总磷或是化学污染的防治要求。此外,《环境保护法》与《水法》也无法根据不同自然区划的客观情况来进行自身设置。例如,《环境保护法》与《水法》很难单独根据长江流域的生态流量或是总磷污染的治理需求,在自身条款中单独设置相应规则。因为全国各河流与流域的客观情况不同,污染治理与环境保护的需求也不相同,完全契合长江流域的个体行为规制未必适合其他河流与流域,故而《环境保护法》与《水法》只能在自身条款中取各流域需求的公约数——普适性的个体行为规制。

第二个不洽之处在于自然区划的环境法治与环境法律的法域链接的不洽。法域链接指的是法律实施的空间链接,这里的空间并非法律效力覆盖的地区，而是指法律实施在空间意义上的过程与效果。[①] 一般而言，法律的法域链接都保持着严密的因果关系，如《刑法》在浙江省实施的过程是浙江省公检法部门对个体犯罪行为进行规制，产生的犯罪率下降的效果也发生于浙江省，呈现出前后的链接效应。法律的法域链接之所以保持严密的状态，是因为中国科层制体制下的行政区划良好地承载了法律的实施。换言之，法律的法域链接是建立于行政区划之上的链接。

但是，法域紧密的链接在自然区划的环境法治上出现了裂痕，即实施环境法律在自然区划上的过程与效果出现了断裂。与其他部门法一样，环境法律的实施过程也依托于行政区划的行政单位，受规制的个体也集中于相应的行政区划之内，但其实施结果并不完全发生于行政区划之内，可能延伸至自然区划中其他的行政区划之内。例如，在长江流域的上游对个体的污染行为进行规制，会产生净化空气、存活鱼类、净化水质等治理效果，但这些治理效果很可能通过风力吹拂、江水流淌、鱼类洄游等途径产生于长江中游或下游地区。法域链接出现裂痕会导致两大后果：一是规制个体的行政单位无法预测与享受到法律实施的效果回馈，二是承受不良治理效果的行政区划无法通过对自身辖区内的个体行为的规制来改变治理效果。因此，考虑到环境保护与经济发展、社会就业之间短期内的互抑关系，承担实施法律这项职责的行政单位会基于性价比的理性，倾向于积极实施其他法域紧密连接的法律（如促进经济发展和社会就业的法律），而保守实施环境法律。

解决第一个不洽的方式应该是围绕自然区划的特殊性进行相应的立法设置，从而使法律切实且科学地满足自然区划的环境保护需要；而解决第二个不洽的方式应该是将自然区划立法设置的层级上升到跨越多个行政区划的层面，将多个行政区划置于一个自然区划之内进行环境法治，进而在一个自然区划之内消弭法域链接的裂痕。二者合一，解决自然区划环境保护与现有环境法律两大不洽的正确方式应该是为自然区划环境保护进行单独立法。《长江保护法》的颁布很好地验证了这一点。一方面，围绕长江流域的特殊性，《长江保护法》进行了有针对性的设置，建构了生态流量等为长江环境保护量身定做的制度；另一方面，《长江保护法》统辖了长江流经的11个省级行政区，将实施过程和效果扩展到长江流域这一个完整的生态系统之中，有效实现了各行政区划的规制合力。

---

① 参见徐祥民、宛佳欣：《环境的自然空间规定性对环境立法的挑战》，载《华东政法大学学报》2017年第4期。

解决流域环境保护的特殊性与现有法律的普适性的不洽是自然区划单独立法必要的第一个理由,因而应当需要单独立法的自然区划首先应当具备特殊性。这里的特殊性可以从两个方面予以解释:一是地理与人文的特殊性,二是环境保护需求与规制手段的特殊性。地理的特殊性是指自然区划在水文、地质、地貌、气象等地理特性上的特殊,是该自然区划区别于其他自然区划的客观标识,也是该自然区划可以单独立法的最基础条件。而人文的特殊性是指自然区划中或周边的社会、经济、文化等人文特性上的特殊,科学的法律必须建立于多重因素的考量之上,只有将法律的实施与社会、经济、文化等协同起来,才能确保其有效性。因此,自然区划人文特性上的特殊决定了自然区划在环境保护上需要考虑更多的协同,也意味着人文特性上越特殊的自然区划,越需要"因地制宜"的环境法律。

环境保护需求的特殊性是指基于特殊的地理特性,自然区划相应地需要被予以特殊的环境保护。例如,长江流域是水域采砂的重点区域,大规模、跨区域地过度采砂导致长江多段河体出现河道下沉等环境问题,《水法》第39条规定"影响河势稳定或者危及堤防安全的"情况下才能"划定禁采区和规定禁采期",但鉴于长江多段河体的脆弱性与连续性,长江流域的环境保护就需要法律进行更为精细与预见性的采砂治理。① 规制手段的特殊性是指基于特殊的人文特性,法律为了实现自然区划环境保护的法律目的,需要量体裁衣地制定与实施对应的规制手段。例如,长江是全国大多省份重要的用水供应来源,保护长江水源必须要考虑到沿江省份甚至全国大多省份的用水需求与调配。但《水法》没有也无法对此进行相应设置,因为绝大多数的河流在水源供应上未如长江般重要。所以只有通过单独制定《长江保护法》,并规定"制定跨省河流水量分配方案"等方式来保障各行政区划的用水供给,才能更好地实现长江流域环境保护与社会发展的平衡。

需要指出的是,自然区划的特殊性,并非一种绝对的特殊性,而是指相对的特殊性。绝对是指从自然科学的角度来看,任何自然区划都具有自身的特殊性,即使是一个小池塘或是一个小山坡也具有自身独特的生态系统。而支撑自然区划单独立法的特殊性是一种相对的特殊性,指相对于当前环境法律的普适性而言,既未被其涵盖又无法被其涵盖。这种

---

① 参见刘竹梅、孙茜、徐阳:《〈最高人民法院贯彻实施《长江保护法》工作推进会会议纪要〉理解与适用》,载《法律适用》2022年第1期。

相对的特殊性难以通过只言片语来进行直接的界定，而必须以科学与法理的综合分析来进行判断。这就对自然区划单独立法提出了更高、更复杂的前期论证要求，立法者需要以更为科学与细致的立法程序、更为广泛的专家与社会参与、更为系统的数据监测与前期调研来进行自然区划特殊性的判断。

解决自然区划的环境法治与环境法律的法域链接的不洽是自然区划单独立法必要的第二个理由，因而需要单独立法的自然区划应当具备广域性。这里的广域性又有两层含义：一是自然区划需要跨越多个行政区域，二是自然区划应当是一个完整而聚合的生态系统。单独立法的自然区划之所以需要跨越多个行政区域，是因为在一个行政区域内的自然区划一般不会出现法域链接上的断裂，即使不同部门或者行政单位因为合作问题而出现“搭便车”的心理，也只需要行政区划内的地方政府以行政规划或者命令的方式予以统合，而无须立法对其进行统辖与约束。只有自然区划跨越行政区划，法域链接出现了多处断裂且地方政府无法以一己之力来弥合这些断裂，甚至自身也在计算性价比之后消极地进行环境法治时，自然区划才需要单独立法。

单独立法的自然区划之所以应当是一个完整而聚合的生态系统，是因为单独立法的目的是将原初断裂的法域链接弥补起来，使之重新变得紧密。而紧密的前提是承载法律实施的区域必须是一个完整的系统。承载传统法律实施的区域是行政区划，该区域通过行政体制而聚合为一个完整的系统。相应地，承载自然区划法实施的区域只能是跨越多个行政区划的自然区划，它首先需要通过生态循环而自成一个生态系统，随后通过法律的实施而被注入各类社会关系，进而被连接为一个完整的法治系统。所谓完整而聚合的生态系统，是说自然区划必须是一个由内部相互作用的生物因素和非生物因素构成的、可以在人类生产活动干预下形成的、具有整体功能的生态学功能单位。① 倘若自然区划本身并非一个完整而聚合的生态系统，则相应的法律实施就没有可以依附的框架与枝干。例如，依照温度及有关现象可以划分出寒温带、中温带、暖温带等自然区划，它们也具有各自的特殊性且跨越多个行政区划，但它们并非一个个完整而聚合的生态系统，也就无从进行单独立法了。

与自然区划的特殊性类似，自然区划的广域性也是一个相对而非绝对的概念。因为行政区划是一个包含各个层级的概念，跨越多个行政区

① 参见马世骏：《环境保护与生态系统》，载《环境保护》1978 年第 2 期。

划的自然区划也就成了一个相对概念。跨越多个省级行政区划的自然区划当然地具有广域性,而跨越多个市级行政区划或是更低级的行政区划是否算是具有广域性则需要“一事一议”。一般而言,省级地方政府可以通过行政规划或者命令的方式将多个行政区划的环境法治予以统合,但亦有可能因为某些客观因素(如特殊于省级行政区划内所有自然区划的特殊性)而需要单独立法。例如,浙江省钱塘江独一无二的潮汛这一地理特性,使其具有极为特殊的水域保护与水能开发需求,所以浙江省制定了《浙江省钱塘江管理条例》,并围绕潮汛进行了相应的条款设置。当然,即使存在这样的例外,相应的单独立法也必然不会是狭义的法律,而应是地方性法规等,严格意义上说也就不属于讨论的范畴了。

三、围绕环境质量责任进行科学立法

由于自然区划法与《环境保护法》《水法》等现有环境法律都是全国人大制定并颁布的,因而从法律效力上看属于平级。但从适用范围上看,自然区划法适用于特定的自然区划,而现有环境法律适用于全国,因而自然区划法属于特殊法,现有环境法律属于一般法。进而在实践适用上,自然区划法应优先于现有环境法律。优先的地位决定了自然区划法必须比现有环境法律规定得更细、更严、更完善。

更细是指对于现有环境法律中许多指导与原则性的规定,自然区划法必须结合自然区划的特殊性,设置更为详细、具有可操作性的规定。而这些规定需要统一在环境质量责任之下。现有环境法律尤其是《环境保护法》设立了许多环境保护制度,如联合防治协调机制。但就联合防治协调机制的实施,《环境保护法》第 20 条仅是规定“统一规划、统一标准、统一监测、统一的防治措施”以及“跨行政区域的环境污染和生态破坏的防治,由上级人民政府协调解决,或者由有关地方人民政府协商解决”,而《长江保护法》就将之细化为“建立健全长江流域突发生态环境事件应急联动工作机制、长江流域河道非法采砂联合执法工作、水工程联合调度、对固体废物非法转移和倾倒的联防联控、水陆有机衔接、江海直达联运、联合执法”等。更严是指对于现有环境法律中已有的标准性规则(如排污标准),自然区划法必须制定更为严格的标准型规则。《环境保护法》第 15 条第 2 款规定,对国家环境质量标准中已作规定的项目,省、自治区、直辖市人民政府可以制定严于国家环境质量标准的地方环境质量标准,但在法律实践中,地方政府基于经济理性缺乏制定更为严格标准的动力。因此,自然区划法应当从环境质量责任出发,率先制定严于现有环境法律中已有标准的规则,为自然区划内的地方政府提供实施法律的技术性基础。更完善是指对于现有环境法律任何不完善的环境法治规定,自然区划法都应该予以相应的补充和完善。补充和完善的对象不仅限于《环境保护法》第15条中规定的“国家环境质量标准中未作规定的项目”,更包括现有环境法律未曾设计的制度与规制手段。从而以最严密的法治确保地方政府履行环境质量责任。

当自然区划法以更细、更严、更完善的姿态成为一系列特殊法之后,其与现有环境法律就因为环境质量责任而衔接起来,自然地顺畅而不冲突了。在自然区划法治中,现有环境法律提供原则、引导与基础性规则,自然区划法提供细致、可操作性的具体规则。只有在自然区划法未曾设置的方面(应当也是该自然区划中较为不重要的环境保护方面),才可以直接适用现有环境法律中的相关规则。

当然,就自然区划法与现有环境法律的本身立法而言,还应该就无缝衔接作进一步的考虑与完善,尤其是《水法》《森林法》《矿产资源法》等兼具环境保护与资源开发两个目的的法,往往游走于经济法属性与环境法属性之间,容易与强调环境保护的自然区划法发生冲突。例如,《长江保护法》第23条强调水能资源开发利用的严格管控,而《水法》第26条侧重于鼓励开发、利用水能资源。① 此时,《水法》等现有环境法律就需要对自身进行立法调整,以衔接自然区划法的相关规定。而除现有环境法律之外,《刑法》《民法典》等调整环境保护以外社会关系的法律,也需要就细节进行修正。例如,《刑法》第338条“污染环境罪”的范畴涵盖不了《长江保护法》中一些严重的违法行为,对“情节严重”“造成严重后果”等程度性的司法解释无法契合长江流域环境保护的特殊性等。② 只有比照《长江保护法》的相关规定对《刑法》这些细节进行修正,才能实现《刑法》与《长江保护法》的更好衔接,进而确保长江流域环境法治的严密性。总的来说,现有环境法律与其他法律在与自然区划法进行衔接时,应着重在环境质量责任的视角下对现有法修正,而不是自然区划法立法时对现有法妥协。

自然区划法是显著体现环境质量责任重要性的法,是针对整个自然区划、建立在自然区划特殊性与系统性之上的环境法律。除了承继现有

① 参见陈金木、谢浩然、汪贻飞:《〈长江保护法〉实施后联动修订〈水法〉的思考和建议》,载《水利发展研究》2021年第3期。

② 参见夏勇、范煜:《论〈长江保护法〉与〈刑法〉的对接》,载《中南民族大学学报(人文社会科学版)》2022年第2期。

环境保护的诸多原则（如环境保护优先原则、污染者付费受益者补偿原则等），还应该从环境质量责任之上发展出自身独特的原则——整体性原则。整体性原则可以被定义为：自然区划的环境法治是基于其整个生态系统的考量，以系统且协调的法律体系实现自然区划的环境保护。具体而言，整体性原则又可以分为四个方面：生态整体性、空间整体性、治理整体性与发展整体性。[①] 生态整体性，是指自然区划因为完整的生态系统而在法律关系中成为一个公共领域，在这一公共领域上所有的环境治理活动都应当受统一的环境行政机构的统率与管辖，所有的环境司法与执法活动都来源于统一的法律与行政权威。空间整体性，是指虽然自然区划环境法治通过各行政区划的治理活动得以实现，但各行政区划必须以统一的地理空间作为自身治理考量的前提，主动与其他行政区划合作与协同，履行联防联控等法律责任，并以整个空间的治理效果作为责任履行的评价标准。治理整体性，是指自然区划的环境法治需要关注于整体空间的环境质量，而非单一区划的个体规制或单一元素的环境保护。治理整体性源于自然区划法生态整体性与空间整体性，同时又反馈于二者。同时，治理整体性又是整体性原则中最为重要的内容，是自然区划法衔接目标与规则的关键性要素，也是其立法应当坚持的首要原则。发展整体性，是指自然区划法应当留意环境法治在可持续发展与共同发展方面产生的影响。与现有环境法律"协调发展"原则不同的是，自然区划法并不强调经济与社会发展与环境保护的协调，而是关注以经济与社会发展的可持续来为环境保护提供充沛且永续的动能。因此，自然区划法的发展整体性以环境保护的需求为衡量标准，希望通过经济与社会发展来反哺环境保护。典型例子就是《长江保护法》第 63 条规定的中下游地区在生态环境修复时应当对长江流域江河源头和上游地区予以支持。

整体性原则是自然区划法体现环境质量责任的重要特征，也是自然区划法选择立法模式所依托的基础。在诸多《长江保护法》的相关研究里，已有不少针对其整体性原则的研究，认为《长江保护法》实现了长江流域环境法治从"条块分割"到"统筹协调"的改变。[②] 但这些研究只是关注到了《长江保护法》贯彻整体性原则的表象，而忽视了《长江保护法》依托整体性原则在立法模式上的重大变革——以地方政府为主要规制对

---

① 参见高中意：《长江保护立法的理论建构：基于整体论的分析》，载《南通大学学报（社会科学版）》2021 年第 3 期。

② 参见邱秋：《多重流域统筹协调：〈长江保护法〉的流域管理体制创新》，载《环境保护》2021 年第 Z1 期。

象。综观《长江保护法》中除第一章总则、第八章法律责任、第九章附则外，共计 66 条，其中有 53 条以地方各级政府为规制对象，单纯规制个体或是要求中央政府进行引导与统辖的条款仅有 13 条。与之形成鲜明对比的是《环境保护法》《海洋环境保护法》等现有环境法律“重”规制个体而“轻”规制地方政府。

《长江保护法》与现有环境法律在立法模式上出现如此巨大的差别，其原因正是《长江保护法》秉承环境质量责任，将现有环境法律的分散性转变为整体性。之所以说强调个体规制的现有环境法律是分散的，是因为规制个体在环境法治中的种种弊端。规制个体是提升环境质量的必要手段，却不是充分条件，因为规制个体并不能必然提升环境质量。[①] 但现有环境法律强调对个体的规制，意味着地方政府只要实现了对个体的良好规制，就属于履行了法律赋予的责任。在这一立法模式下，地方政府只会关注行政区划内对个体违法行为的规制，而不会关注自然区划的整体环境质量。此时，可能没有个体违规（如全部按照标准进行污染排放），但因个体数量过多而导致污染排放总量过大；也可能违规的个体全部受到法律惩罚，地方政府算是履行了法律责任，但已经排放的污染严重损害了环境质量。此外，地方政府不会主动与其他地方政府进行治理合作，因为行政区划内的个体规制无须合作。所以说，现有环境法律的立法模式是分散的。

而环境质量责任下的《长江保护法》以地方政府为规制对象，要求地方政府对环境质量而非个体规制负责，实施“制定生态环境分区管控方案和生态环境准入清单”“建立长江流域水生生物完整性指数评价体系”“补充制定地方水污染物排放标准”等措施，实质上将地方政府的法律责任从个体规制转向了提升环境质量。此时，地方政府无法再通过个体规制来确保法律责任的履行，而必须通过完成《长江保护法》对地方政府的规制要求，并最终提升了长江流域环境质量这一结果来获得责任良好履行的评价。为此，地方政府不能再各自为战，因为完成《长江保护法》对地方政府的规制类要求必须联动而非独立（如河流水量分配方案需要多个地方政府进行商定），履行责任是基于长江流域整体环境质量而非自身辖区的环境质量或是某一环境要素的评价。因此，《长江保护法》的立法模式是整体性的。

---

① 参见徐祥民：《环境质量目标主义：关于环境法直接规制目标的思考》，载《中国法学》2015 年第 6 期。

《长江保护法》整体性的立法取得了良好的实施成效，统计数据显示，2021 年全年长江下游江苏段干流断面Ⅱ类比例、支流断面优Ⅲ比例升至 100%、98.3%，较 2016 年分别提高 50 个百分点和 41.5 个百分点，全面消除了劣Ⅴ类，生态环境质量达到 21 世纪以来最好。[①] 借鉴《长江保护法》的科学范本与成功经验，自然区划法贯彻整体性原则必须从立法模式上着手。只有将注重规制个体的立法模式转变为注重规制地方政府的立法模式，以系统的责任体系来确保地方政府为自然区划的环境质量负责，而不是为行政区划的个体规制负责，才是自然区划单独立法的应有之义。

《长江保护法》是我国第一部自然区划法，它的颁布不仅是长江流域环境保护的新篇章，更是自然区划单独立法道路上的一个里程碑。《长江保护法》告诉我们，科学的自然区划单独立法必须坚持整体性原则，以地方政府为规制对象，围绕“提升环境质量而非个体规制”赋予地方政府以法律责任。

---

① 参见江苏省人民政府办公厅：《江苏省人民政府办公厅关于印发江苏省“十四五”生态环境保护规划的通知》，载《江苏省人民政府公报》2022 年第 1 期。

结　语

地方政府的环境质量责任最为特殊的地方在于，它是围绕达成环境质量目标而设置的责任。因此，环境质量责任的责任主体、责任内容、责任履行保障等特性都变得特殊。这些特殊既是环境法律所面临的严峻挑战，也是环境法律恰逢其会的良好契机。让地方政府为环境质量负责，是环境法律探索新型责任、探索中央与地方的权力分配、探索大型国家的整体性治理的一个极好契机。环境法律应当抓住这一契机，将环境质量责任带来的挑战转变为对自身科学革新的积极探索。

在环境保护上，国家负有多项国家义务，而这些国家义务并不能直接通过调整中央与个体之间的关系而得到实现。在中央与个体之间，一个关键而不可或缺的角色就是地方政府，地方政府上承中央意志，下辖民众个体。欲实现国家义务，就需要在地方政府这关键一环上，将国家义务转变为环境质量责任，并最终通过地方政府的环境治理而变为现实。中央设立环境质量目标，并让地方政府通过环境治理予以实施，并非历史上的首创。但如果没有将之通过环境法律进行转化，则其永远只是行政体制上的一种达标机制，而非法律体系中的一项责任机制。如此，地方政府对环境质量目标的达标，既缺乏权威性与体系性，又缺乏可持续性与保障性。因此，通过环境保护法律转化环境达标机制，将之转变为地方政府的环境质量责任，具有极强的应然之义。

本书的结论是，环境质量责任以地方政府为责任主体，要求地方政府实现预先设置的环境质量目标。地方政府的环境质量责任超越了地方政府的环境监管责任，当地方政府作为法律的执行者对个体的环境行为进行监督时，没有真正提升环境质量的动能与渴望。作为有限的理性主体，地方政府的最优选择是确保个体不再违法或所有违法个体皆受惩罚。甚至在部分地方政府与个体之间，会默契地出现“选择违法、坚持受罚”的变相权力寻租的现象。只有当环境质量责任以具体的环境质量目标来督促地方政府实施环境治理时，上述默契才会被打破，环境质量才不会被牺牲。相较于传统法律授予个体的多项法律责任，地方政府的环境质量责任有着本质性的区别。环境质量责任具有积极属性与建设属性，地方政府本身是很难被予以惩罚性追责的,且惩罚性追责无益于环境质量目标的达成。故而适合环境质量责任的履行保障方式是通过科学的权力分配来促使地方政府实现“行政自治”。权力分配的科学性确保目标设置的科学性与目标达成的可行性,当目标科学而可行时,地方政府就会自主且积极地进行环境治理,并最终达成环境质量目标。

为了尽可能地对地方政府的环境质量责任进行探讨,本书还对污染防治、资源利用与生态保护三个方面的六项典型制度作出了具体革新的分析与建议。但从全局上说,本书的结论仍然是一个基础性的结论,主要目的依然是为环境质量责任作探索性的拓展。上述的分析与建议是将环境质量责任与现有制度进行有机结合之后的初步成果。尽管秉承谨慎与精细的研究态度,本书已经尽可能地让上述分析与建议更加具备可操作性,但考虑到环境质量责任于当前法律体系与责任体系的新颖性,在环境法律中贯彻环境质量责任的工作仍然具有极大的空间与期待。事实上,环境质量责任不仅影响本书提及的六项典型制度,而且是贯彻环境法律全局,统率所有环境法律制度的纲领性原则。所有的环境法律在进行具体设计时,都应当时刻警醒环境质量责任对自身的约束。所有的环境法律制度在进行建构时,都应当时刻保持对环境质量责任的追随。因此,以环境质量责任为主题的环境法学研究,仍然大有可为。

除了环境法学之外,环境质量责任的研究还可以给其他部门法学、法理学乃至行政学提供充分而有益的借鉴。环境质量责任为地方政府承担法律责任提供了一个积极的开始范例,以往行政法律提及地方政府的法律责任时,往往仅就其具体行政行为来提及法律责任。针对抽象的行政行为,如宏观上的治理行为,行政法律只是为地方政府的行政首长设立了相关法律责任。但实际上,地方政府对自身辖区内的治理亦应当承担法律责任,只是此时的地方政府并非向个体或其他行政相对人负责,而是对中央以及环境法律负责。环境质量责任告诉其他部门法学与法理学一个重要的道理:尽管地方政府不能被惩罚,但它依然可以承担法律责任,且法律责任可以帮助其更好地履行治理职责,完成各部门法的立法目的。而对于行政学而言,地方政府这一在行政体制中发挥重要作用的主体,理应被予以更多的重视。它该如何被授予权力和责任,该如何更好地执行中央指令与规制个体,环境质量责任都给予了非常好的范例与经验。因此,环境法学以外的学科与学者都可以关注环境质量责任,并积极地参与到相关研究与探讨中来。这不仅有助于环境质量责任研究本身,也有利于其他学科的进步与发展。

总而言之,地方政府的环境质量责任是一个重要而有趣的主题,谨以此研究抛砖引玉,期待未来环境法律与环境法治的更好发展!

参 考 文 献

中文专著

[1]中共中央文献研究室编:《习近平关于全面深化改革论述摘编》,中央文献出版社 2014 年版。

[2]洪大用等:《中国民间环保力量的成长》,中国人民大学出版社 2007 年版。

[3]景跃进、陈明明、肖滨主编:《当代中国政府与政治》,中国人民大学出版社 2016 年版。

[4]姚国建:《违宪责任论》,知识产权出版社 2006 年版。

[5]张翔:《基本权利的规范建构》,高等教育出版社 2008 年版。

[6]张建伟:《政府环境责任论》,中国环境科学出版社 2008 年版。

[7]张雷:《政府环境责任问题研究》,知识产权出版社 2012 年版。

[8]许继芳:《建设环境友好型社会中的政府环境责任研究》,上海三联书店 2014 年版。

[9]徐大伟、常亮:《跨区域流域生态补偿的准市场机制研究:以辽河为例》,科学出版社 2014 年版。

[10]崔浩:《跨行政区域协作共建美丽中国的浙江样本》,浙江大学出版社 2018 年版。

[11]陈军、王小林:《我国生态文明区域协同发展的动力机制研究》,人民出版社 2020 年版。

[12]胡仪元:《汉水流域生态补偿研究》,人民出版社 2014 年版。

[13]吴卫星:《环境权理论的新展开》,北京大学出版社 2018 年版。

[14]汪劲等:《类型化视角下的环境权利研究》,北京大学出版社 2020 年版。

[15]杨治坤:《区域大气污染府际合作治理法律问题研究》,上海三联书店 2019 年版。

[16]戈华清、唐瑭:《大气污染防治法律制度的变革与创新——以我国〈大气污染防治法〉的修订为轴线》,气象出版社 2017 年版。

[17]吕连宏、张保留、罗宏等编著:《京津冀及周边地区产业与能源结构优化研究》,中国环境出版集团 2019 年版。

[18]冯永锋:《为民间环保力量呐喊》,知识产权出版社 2010 年版。

[19]朱国华:《我国环境治理中的政府环境责任研究》,中国社会科学出版社 2017 年版。

[20]郭大林:《跨区域生态环境协同执法机制研究》,中国政法大学出版社 2022 年版。

[21]侯怀霞:《私法上的环境权及其救济问题研究》,复旦大学出版社 2011 年版。

[22]吕忠梅:《环境法新视野》(第 3 版),中国政法大学出版社 2019 年版。

[23]王莉:《环境侵权救济研究》,复旦大学出版社 2015 年版。

[24]万其刚主编:《环境污染赔偿责任》,中国民主法制出版社 2015 年版。

[25]李宏伟:《绿色发展:走向生态环境治理体系现代化》,浙江大学出版社 2021 年版。

[26]王志芳:《中国环境治理体系和能力现代化的实现路径:以国际经验为中心》,时事出版社 2017 年版。

[27]康丽、曾红艳、凌亢:《无障碍环境治理体系构建与实践》,辽宁人民出版社 2021 年版。

[28]王春益、吴舜泽等:《构建现代环境治理体系》,云南教育出版社 2020 年版。

[29]刘海霞:《环境权益保障制度研究》,社会科学文献出版社 2021 年版。

译著

[1]廖红、[美]克里斯·郎革编著:《美国环境管理的历史与发展》,中国环境科学出版社 2006 年版。

[2][日]原田尚彦:《环境法》,于敏译,法律出版社 1999 年版。

[3][美]威廉·N. 邓恩:《公共政策分析导论》(第 2 版),谢明等译,中国人民大学出版社 2002 年版。

[4][美]特里·L. 库珀:《行政伦理学:实现行政责任的途径》(第 5 版),张秀琴译,中国人民大学出版社 2010 年版。

[5][美]查尔斯·霍顿·库利:《人类本性与社会秩序》,包凡一、王湲译,华夏出版社 2020 年版。

[6][德]韦伯:《支配社会学》,康乐、简惠美译,广西师范大学出版

社 2004 年版。

[7][美]B. 盖伊・彼得斯:《比较公共行政导论:官僚政治视角》(第 6 版),聂露、李姿姿译,中国人民大学出版社 2015 年版。

[8][英]蒂姆・海沃德:《宪法环境权》,周尚君、杨天江译,法律出版社 2014 年版。

中文期刊

[1]阳晓伟、庞磊、闭明雄:《哈丁之前的“公地悲剧”思想研究》,载《河北经贸大学学报》2015 年第 4 期。

[2]李伯聪、李军:《关于囚徒困境的几个问题》,载《自然辩证法通讯》1996 年第 4 期。

[3]王小锡:《经济道德观视阈中的“囚徒困境”博弈论批判》,载《江苏社会科学》2009 年第 1 期。

[4]桑本谦:《利他主义救助的法律干预》,载《中国社会科学》2012 年第 10 期。

[5]王瑞乐、刘涵慧、张孝义:《亲缘利他的不对称性:进化视角的分析》,载《心理科学进展》2012 年第 6 期。

[6]凌斌:《界权成本问题:科斯定理及其推论的澄清与反思》,载《中外法学》2010 年第 1 期。

[7]蔡守秋:《环境权初探》,载《中国社会科学》1982 年第 3 期。

[8]罗典荣、陈茂云:《环境权初探》,载《法学研究》1988 年第 3 期。

[9]陈泉生:《环境时代与宪法环境权的创设》,载《福州大学学报(哲学社会科学版)》2001 年第 4 期。

[10]钱大军:《环境法应当以权利为本位——以义务本位论对权利本位论的批评为讨论对象》,载《法制与社会发展》2014 年第 5 期。

[11]徐祥民:《极限与分配——再论环境法的本位》,载《中国人口・资源与环境》2003 年第 4 期。

[12]吴贤静、林镁佳:《从“环境之制”到“环境之治”:中国环境治理现代化的法治保障》,载《学习与实践》2020 年第 12 期。

[13]钱水苗:《政府环境责任与〈环境保护法〉的修改》,载《中国地质大学学报(社会科学版)》2008 年第 2 期。

[14]张红杰、徐祥民、凌欣:《政府环境责任论纲》,载《郑州大学学报(哲学社会科学版)》2017 年第 3 期。

[15]吕忠梅:《论环境法的沟通与协调机制——以现代环境治理体

系为视角》,载《法学论坛》2020 年第 1 期。

[16]王雅琪、张忠民:《现代环境治理体系中环境司法与行政执法协作机制的构建》,载《中国矿业大学学报(社会科学版)》2021 年第 3 期。

[17]吴越、唐薇:《政府环境责任的规则变迁及深层法律规制问题研究——基于新〈环境保护法〉和宪法保护的双重视角》,载《社会科学研究》2015 年第 2 期。

[18]缪仲妮:《关于政府环境保护的法律责任》,载《山东社会科学》2009 年第 11 期。

[19]吕忠梅:《监管环境监管者:立法缺失及制度构建》,载《法商研究》2009 年第 5 期。

[20]刘超、吕稣:《我国生态环境监管规范体系化之疏失与完善》,载《华侨大学学报(哲学社会科学版)》2021 年第 2 期。

[21]张宝:《规制内涵变迁与现代环境法的演进》,载《中国人口·资源与环境》2020 年第 12 期。

[22]桑本谦:《法理学主题的经济学重述》,载《法商研究》2011 年第 2 期。

[23]姜渊:《论生态补偿的理性定位》,载《理论与改革》2015 年第 4 期。

[24]刘明明:《改革开放 40 年中国环境执法的发展》,载《江淮论坛》2018 年第 6 期。

[25]姜渊:《探寻与建构中央和地方同时"在场"的环境质量目标制度——以环保督察常态化之争为切入点》,载《政法论丛》2021 年第 2 期。

[26]葛察忠、翁智雄、董战峰:《环保督查制度:推动建立督政问责监管体系》,载《环境保护》2016 年第 7 期。

[27]马波:《论政府环境责任法制化的实现路径》,载《法学评论》2016 年第 2 期。

[28]李挚萍:《论以环境质量改善为核心的环境法制转型》,载《重庆大学学报(社会科学版)》2017 年第 2 期。

[29]司林波、裴索亚:《跨行政区生态环境协同治理绩效问责模式及实践情境——基于国内外典型案例的分析》,载《北京行政学院学报》2021 年第 3 期。

[30]曹树青:《结果导向型的政府环境责任建构》,载《南京林业大学学报(人文社会科学版)》2020 年第 6 期。

[31]徐祥民:《环境权论——人权发展历史分期的视角》,载《中国社

会科学》2004 年第 4 期。

[32]余敏江、刘超:《生态治理中地方与中央政府的“智猪博弈”及其破解》,载《江苏社会科学》2011 年第 2 期。

[33]竺效:《论新〈环境保护法〉中的环评区域限批制度》,载《法学》2014 年第 6 期。

[34]姜渊:《〈大气污染防治法〉规制思路与手段的思辨与选择》,载《浙江学刊》2019 年第 5 期。

[35]徐祥民:《大气污染防治中的地方政府大气环境质量责任制度实证研究》,载《法学论坛》2020 年第 5 期。

[36]陈永鸿:《行政自制的宪法维度》,载《华南师范大学学报(社会科学版)》2012 年第 1 期。

[37]郁建兴、高翔:《地方发展型政府的行为逻辑及制度基础》,载《中国社会科学》2012 年第 5 期。

[38]王惠娜:《环保约谈对环境监管的影响分析:基于 34 个城市的断点回归方法研究》,载《学术研究》2019 年第 1 期。

[39]吴建祖、王蓉娟:《环保约谈提高地方政府环境治理效率了吗?——基于双重差分方法的实证分析》,载《公共管理学报》2019 年第 1 期。

[40]贺东航、孔繁斌:《公共政策执行的中国经验》,载《中国社会科学》2011 年第 5 期。

[41]李晟:《“地方法治竞争”的可能性　关于晋升锦标赛理论的经验反思与法理学分析》,载《中外法学》2014 年第 5 期。

[42]王春磊:《污染物总量控制制度实施中的若干问题研究》,载《政治与法律》2016 年第 12 期。

[43]蒋银华:《论国家义务概念之萌芽与发端》,载《广州大学学报(社会科学版)》2011 年第 7 期。

[44]陈海嵩:《〈民法总则〉“生态环境保护原则”的理解及适用——基于宪法的解释》,载《法学》2017 年第 10 期。

[45]陈海嵩:《环境司法“三审合一”的检视与完善》,载《中州学刊》2016 年第 4 期。

[46]刘超:《反思环保法庭的制度逻辑——以贵阳市环保审判庭和清镇市环保法庭为考察对象》,载《法学评论》2010 年第 1 期。

[47]习近平:《关于〈中共中央关于全面推进依法治国若干重大问题的决定〉的说明》,载《理论学习》2014 年第 12 期。

［48］冀鹏飞:《论中央生态环境保护督察制度的法治化——以〈中央生态环境保护督察工作规定〉为中心》,载《环境保护》2019 年第 14 期。

［49］戚建刚、余海洋:《论作为运动型治理机制之“中央环保督察制度”——兼与陈海嵩教授商榷》,载《理论探讨》2018 年第 2 期。

［50］文宏、崔铁:《运动式治理中的层级协同:实现机制与内在逻辑——项基于内容分析的研究》,载《公共行政评论》2015 年第 6 期。

［51］陈海嵩:《环保督察制度法治化:定位、困境及其出路》,载《法学评论》2017 年第 3 期。

［52］郭施宏:《中央环保督察的制度逻辑与延续——基于督察制度的比较研究》,载《中国特色社会主义研究》2019 年第 5 期。

［53］丁轶:《反科层制治理:国家治理的中国经验》,载《学术界》2016 年第 11 期。

［54］包群、邵敏、杨大利:《环境管制抑制了污染排放吗?》,载《经济研究》2013 年第 12 期。

［55］周振超、张金城:《职责同构下的层层加码——形式主义长期存在的一个解释框架》,载《理论探讨》2018 年第 4 期。

［56］蔡守秋:《论政府环境责任的缺陷与健全》,载《河北法学》2008 年第 3 期。

［57］李涛等:《我国大气固定源排放控制政策评估》,载《干旱区资源与环境》2019 年第 4 期。

［58］段海燕、王宪恩:《我国污染物排放总量控制指标差异性公平配置理论及法律制度研究》,载《法学杂志》2017 年第 7 期。

［59］常纪文:《域外借鉴与本土创新的统一:〈关于推进大气污染联防联控工作　改善区域空气质量的指导意见〉之解读(上)》,载《环境保护》2010 年第 10 期。

［60］汪伟全:《空气污染的跨域合作治理研究——以北京地区为例》,载《公共管理学报》2014 年第 1 期。

［61］潘本锋等:《支撑京津冀区域大气污染联防联控的大气监测体系构建》,载《中国环境监测》2017 年第 5 期。

［62］曹锦秋、吕程:《联防联控:跨行政区域大气污染防治的法律机制》,载《辽宁大学学报(哲学社会科学版)》2014 年第 6 期。

［63］张鹏、刘长江、何青容:《区域联防治霾中政府责任分摊的影响因素分析》,载《生态经济》2016 年第 1 期。

［64］孙涛、温雪梅:《动态演化视角下区域环境治理的府际合作网络

研究——以京津冀大气治理为例》,载《中国行政管理》2018 年第 5 期。

[65]李牧耘等:《京津冀区域大气污染联防联控机制:历程、特征与路径》,载《城市发展研究》2020 年第 4 期。

[66]戴亦欣、孙悦:《基于制度性集体行动框架的协同机制长效性研究——以京津冀大气污染联防联控机制为例》,载《公共管理与政策评论》2020 年第 4 期。

[67]邹兰等:《京津冀大气污染联防联控中有关统一标准问题的研究》,载《环境保护》2016 年第 2 期。

[68]李燕凌、康爱彬、张金桐:《京津冀大气污染治理政府协作路径研究》,载《河北师范大学学报(哲学社会科学版)》2016 年第 4 期。

[69]姜玲、乔亚丽:《区域大气污染合作治理政府间责任分担机制研究——以京津冀地区为例》,载《中国行政管理》2016 年第 6 期。

[70]陈诗一、张云、武英涛:《区域雾霾联防联控治理的现实困境与政策优化——雾霾差异化成因视角下的方案改进》,载《中共中央党校学报》2018 年第 6 期。

[71]杨志军、肖贵秀:《环保专项行动:基于运动式治理的机制与效应分析》,载《甘肃行政学院学报》2018 年第 1 期。

[72]徐祥民、宛佳欣:《环境的自然空间规定性对环境立法的挑战》,载《华东政法大学学报》2017 年第 4 期。

[73]卢昶宪:《企业环境守法激励研究》,载《东南大学学报(哲学社会科学版)》2019 年第 S1 期。

[74]胡灿伟:《机动车已成空气污染主力》,载《生态经济》2016 年第 4 期。

[75]李倩:《跨界环境治理目标责任制的运行逻辑与治理绩效——以京津冀大气治理为例》,载《北京行政学院学报》2020 年第 4 期。

[76]王山山:《“生态红线”的落地难题》,载《中国经济周刊》2014 年第 Z1 期。

[77]陈晨:《试析当前我国空间管制政策的悖论与体系化途径》,载《国际城市规划》2009 年第 5 期。

[78]吴贤静:《水资源红线的理论阐释与制度实践》,载《资源开发与市场》2018 年第 2 期。

[79]吕忠梅:《自然保护地立法基本构想及其展开》,载《甘肃政法大学学报》2021 年第 3 期。

[80]秦鹏、唐道鸿:《环境协商治理的理论逻辑与制度反思——以

〈环境保护公众参与办法〉为例》，载《深圳大学学报（人文社会科学版）》2016 年第 1 期。

[81]慕永通、马林娜：《我国捕捞限额制度的性质与路径选择》，载《中国渔业经济》2004 年第 3 期。

[82]宋瑞鑫：《山东省国内捕捞最优 TAC 配额组合的研究》，载《山西农经》2021 年第 11 期。

[83]董加伟：《论 TAC 制度的经济学演进及其在中国实施的路径选择》，载《中国海洋大学学报（社会科学版）》2014 年第 1 期。

[84]吴建斌：《科斯理论中的界权成本及其现实意义》，载《南大法学》2020 年第 2 期。

[85]张喜红：《论痕迹主义的治理之道》，载《社会科学战线》2021 年第 6 期。

[86]徐祥民：《地方政府环境质量责任的法理与制度完善》，载《现代法学》2019 年第 3 期。

[87]刘文钊、李志文：《论渔业权及其性质》，载《理论与改革》2015 年第 5 期。

[88]李波、于水：《达标压力型体制：地方水环境河长制治理的运作逻辑研究》，载《宁夏社会科学》2018 年第 2 期。

[89]熊烨：《跨域环境治理：一个“纵向—横向”机制的分析框架——以“河长制”为分析样本》，载《北京社会科学》2017 年第 5 期。

[90]任敏：《“河长制”：一个中国政府流域治理跨部门协同的样本研究》，载《北京行政学院学报》2015 年第 3 期。

[91]黎元生、胡熠：《流域生态环境整体性治理的路径探析——基于河长制改革的视角》，载《中国特色社会主义研究》2017 年第 4 期。

[92]朱凤琴：《安徽省林长制改革的制度创新与提升路径》，载《林业资源管理》2020 年第 6 期。

[93]秦国伟、董玮、田明华：《林长制改革的内涵机制、逻辑意蕴与生态扶贫——以安徽省为例》，载《生态经济》2020 年第 12 期。

[94]李干杰：《“生态保护红线”——确保国家生态安全的生命线》，载《求是》2014 年第 2 期。

[95]陈硕：《“硬指标”的“软约束”：干部考核“一票否决制”的生成与变异》，载《四川大学学报（哲学社会科学版）》2020 年第 1 期。

[96]刘芳雄、何婷英、周玉珠：《治理现代化语境下“河长制”法治化问题探析》，载《浙江学刊》2016 年第 6 期。

［97］郝亚光：《“河长制”设立背景下地方主官水治理的责任定位》，载《河南师范大学学报（哲学社会科学版）》2017 年第 5 期。

［98］曹新富、周建国：《河长制何以形成：功能、深层结构与机制条件》，载《中国人口·资源与环境》2020 年第 11 期。

［99］章楚加：《环境治理中的人大监督：规范构造、实践现状及完善方向》，载《环境保护》2020 年第 Z2 期。

［100］陈海嵩：《中国生态文明法治转型中的政策与法律关系》，载《吉林大学社会科学学报》2020 年第 2 期。

［101］熊超：《环保垂改对生态环境部门职责履行的变革与挑战》，载《学术论坛》2019 年第 1 期。

［102］韩志明、李春生：《责任是如何建构起来的——以 S 市河长制及其实施为例》，载《理论探讨》2021 年第 1 期。

［103］吕忠梅：《长江流域水资源保护统一立法刻不容缓》，载《内部文稿》2000 年第 8 期。

［104］顾爱平：《节制是立法者的美德——兼论立法理念的错位与变革》，载《江苏社会科学》2010 年第 5 期。

［105］徐以祥：《论我国环境法律的体系化》，载《现代法学》2019 年第 3 期。

［106］徐海俊、秦鹏：《流域立法视角下生态流量保障的制度供给——以长江流域为例》，载《中国人口·资源与环境》2021 年第 2 期。

［107］夏勇、范煜：《论〈长江保护法〉与〈刑法〉的对接》，载《中南民族大学学报（人文社会科学版）》2022 年第 2 期。

［108］马世骏：《环境保护与生态系统》，载《环境保护》1978 年第 2 期。

［109］刘竹梅、孙茜、徐阳：《〈最高人民法院贯彻实施《长江保护法》工作推进会会议纪要〉理解与适用》，载《法律适用》2022 年第 1 期。

［110］陈金木、谢浩然、汪贻飞：《〈长江保护法〉实施后联动修订〈水法〉的思考和建议》，载《水利发展研究》2021 年第 3 期。

［111］高中意：《长江保护立法的理论建构：基于整体论的分析》，载《南通大学学报（社会科学版）》2021 年第 3 期。

［112］邱秋：《多重流域统筹协调：〈长江保护法〉的流域管理体制创新》，载《环境保护》2021 年第 Z1 期。

［113］徐祥民：《环境质量目标主义：关于环境法直接规制目标的思考》，载《中国法学》2015 年第 6 期。

[114]江苏省人民政府办公厅:《江苏省人民政府办公厅关于印发江苏省“十四五”生态环境保护规划的通知》,载《江苏省人民政府公报》2022 年第 1 期。

[115]吕霞:《我国〈环境保护法〉中的政府环境质量责任及其强化》,载《法学论坛》2020 年第 5 期。

[116]李晓龙、徐鲲:《地方政府竞争、环境质量与空间效应》,载《软科学》2016 年第 3 期。

[117]后小仙、郑田丹、陈琪:《官员异质性、经济增长与环境质量》,载《江海学刊》2020 年第 6 期。

[118]潘峰、西宝、王琳:《中国地方政府环境规制激励机制研究》,载《中国经济问题》2015 年第 6 期。

[119]黄万华、王娟等:《环境规制竞争对区域环境质量影响机理的博弈分析》,载《统计与决策》2015 年第 22 期。

[120]冉启英、杨小东、任思雨:《地方政府竞争与环境污染的动态关系研究》,载《科技管理研究》2020 年第 9 期。

[121]张彦博、李琪:《政府环保补助与环境质量改进的相关性研究》,载《经济纵横》2013 年第 9 期。

[122]马双、曾刚等:《中国地方政府质量与区域创新绩效的关系》,载《经济地理》2017 年第 5 期。

[123]陈安琪、李永友:《环境质量因地方政府的重视得到改善吗?——基于文本挖掘的经验分析》,载《财经论丛》2021 年第 10 期。

[124]后小仙、陈琪、郑田丹:《财政分权与环境质量关系的再检验——基于政府偏好权变的视角》,载《财贸研究》2018 年第 6 期。

[125]谢海波:《环境治理中地方政府环保履职的完善与制度保障》,载《环境保护》2020 年第 Z2 期。

[126]黄万华、白永亮、程启智:《地方政府竞争、环境资源产权约束与区域环境质量的制度经济学分析》,载《社会科学辑刊》2012 年第 2 期。

[127]崔晶:《地方政府跨域环境治理中的“竞优”与“协作”——以 H 钢铁公司搬迁为例》,载《行政论坛》2021 年第 5 期。

[128]万翠英、陈晓永:《跨域性环境治理困局成因及破解思路》,载《科学社会主义》2014 年第 3 期。

[129]刘智勇、贾先文、潘梦启:《省际跨域生态环境协同治理实践及路径研究》,载《东岳论丛》2022 年第 11 期。

[130]肖攀、苏静、董树军:《跨域生态环境协同治理现状及应对路径

研究》,载《湖南社会科学》2021 年第 5 期。

[131]周伟:《合作型环境治理:跨域生态环境治理中的地方政府合作》,载《青海社会科学》2020 年第 2 期。

[133]崔晶、毕馨雨:《跨域生态环境协作治理的策略选择与学习路径研究——基于跨案例的分析》,载《经济社会体制比较》2020 年第 3 期。

[133]田玉麒、陈果:《跨域生态环境协同治理:何以可能与何以可为》,载《上海行政学院学报》2020 年第 2 期。

[134]赵美珍:《长三角区域环境治理主体的利益共容与协同》,载《南通大学学报(社会科学版)》2016 年第 2 期。

[135]李媛媛、郑偲:《元治理视阈下中央环保督察制度的省思与完善》,载《治理研究》2022 年第 1 期。

[136]韩艺、谢婷:《环保督察制度的渐进变迁及效力发挥》,载《江西社会科学》2021 年第 3 期。

[137]陈海嵩:《中央环保督察问责的制度绩效考察》,载《求索》2022 年第 4 期。

[138]盛明科、岳洁:《生态治理体系现代化视域下地方环境治理逻辑的重塑——以环保督察制度创新为例》,载《湘潭大学学报(哲学社会科学版)》2022 年第 3 期。

[139]邓辉、甘天琦、涂正革:《大气环境治理的中国道路——基于中央环保督察制度的探索》,载《经济学(季刊)》2021 年第 5 期。

[140]赵海峰、张颖:《政府注意力视角下环保督察效果异质性及路径研究》,载《软科学》2023 年第 10 期。

[141]郁建兴、刘殷东:《纵向政府间关系中的督察制度:以中央环保督察为研究对象》,载《学术月刊》2020 年第 7 期。

[142]王曦、刘志和:《中央生态环保督察下基层环境执法的现状与优化——以 T 企业为例》,载《环境保护》2022 年第 18 期。

[143]温璐歌、许铃川、沈体雁:《城镇化发展对大气污染的影响研究》,载《江西社会科学》2022 年第 7 期。

[144]罗文剑、李娟:《政府协同治理大气污染的激励相容制度分析》,载《江西社会科学》2019 年第 11 期。

[145]刘燕、叶晴琳:《动机与能力:成都平原经济区大气污染协同治理的政策研究》,载《公共管理与政策评论》2022 年第 6 期。

[146]彭玏、赵媛媛等:《京津冀大气污染传输通道区大气污染时空格局研究》,载《中国环境科学》2019 年第 2 期。

[147]罗文剑、陈丽娟:《大气污染政府间协同治理的绩效改进:“成长上限”的视角》,载《学习与实践》2018年第11期。

[148]周杰琦、刘生龙:《环境管制对雾霾污染的作用机制与治理效果——基于技能溢价的视角》,载《研究与发展管理》2021年第5期。

[149]王锋正、郭晓川:《政府治理、环境管制与绿色工艺创新》,载《财经研究》2016年第9期。

[150]秦鹏、唐道鸿:《环境协商治理:理论建构与实现路径》,载《西南民族大学学报(人文社科版)》2017年第7期。

[151]郎友兴、葛俊良:《作为工具性机制的协商治理——基于不同环境协商类型的分析》,载《浙江社会科学》2020年第1期。

[152]王树义、赵小姣:《长江流域生态环境协商共治模式初探》,载《中国人口·资源与环境》2019年第8期。

[153]顾向一、曾丽渲:《从“单一主导”走向“协商共治”——长江流域生态环境治理模式之变》,载《南京工业大学学报(社会科学版)》2020年第5期。

[154]肖峰:《论环境权的法治逻辑》,载《中国地质大学学报(社会科学版)》2020年第2期。

[155]杨朝霞:《论环境权的性质》,载《中国法学》2020年第2期。

[156]吴卫星:《环境权在我国环境法典中的证成与展开》,载《现代法学》2022年第4期。

[157]秦天宝:《论新时代的中国环境权概念》,载《法制与社会发展》2022年第3期。

[158]赵明霞:《我国环境权实现问题探讨》,载《理论探索》2019年第3期。

[159]余敏江:《论生态治理中的中央与地方政府间利益协调》,载《社会科学》2011年第9期。

[160]陈海嵩:《我国环境监管转型的制度逻辑——以环境法实施为中心的考察》,载《法商研究》2019年第5期。

[161]齐萌:《环境监管的公众认同:危机与化解》,载《上海财经大学学报》2014年第6期。

[162]刘志坚、宋晓玲:《环境监管授权性法律条款及其设定研究》,载《兰州大学学报(社会科学版)》2019年第6期。

[163]马欢欢、程亮、陈瑾:《污染源环境监管体系建设现状及对策研究》,载《中国环境管理》2022年第1期。

[164]赵美珍、郭华茹:《论地方政府和公众环境监管的互补与协同》,载《华中科技大学学报(社会科学版)》2015 年第 2 期。

[165]唐瑭:《生态文明视阈下政府环境责任主体的细分与重构》,载《江西社会科学》2018 年第 7 期。

[166]任鹏、尹瑜瑜:《政府环境责任研究述评与展望》,载《湖北大学学报(哲学社会科学版)》2014 年第 6 期。

[167]王浩、徐继敏:《我国地方政府环境责任体系的问题与建构》,载《江淮论坛》2016 年第 1 期。

报纸

[1]习近平:《坚决打好污染防治攻坚战　推动生态文明建设迈上新台阶》,载《人民日报》2018 年 5 月 20 日。

[2]谢佳沥:《京津冀环保一体化艰难前行》,载《中国环境报》2014 年 6 月 9 日,第 1 版。

[3]鞠昌华:《生态保护红线成为综合性概念》,载《中国环境报》2013 年 11 月 18 日,第 2 版。

学位论文

[1]桑本谦:《私人之间的监控与惩罚》,山东大学 2005 年博士学位论文。

[2]颜如玉:《上海市空气质量指数及污染源研究》,上海师范大学 2019 年硕士学位论文。

[3]张鸿景:《环境质量、地方治理与经济增长》,中南财经政法大学 2020 年硕士学位论文。

[4]茹蕾:《地方政府博弈、弹性环境政策与城市群环境质量》,南京大学 2017 年硕士学位论文。

[5]叶雯雯:《公共健康保障视角下地方政府环境治理责任研究》,华中师范大学 2015 年硕士学位论文。

[6]臧红松:《环境治理中地方政府信任问题研究》,燕山大学 2017 年硕士学位论文。

[7]刘智宇:《论实现环境质量标准强制性的法律保障》,北京大学 2012 年硕士学位论文。

[8]张永秀:《跨域环境治理中地方政府协同研究——基于协同学的视角》,山东大学 2019 年硕士学位论文。

[9]欧阳帆:《中国环境跨域治理研究》,中国政法大学 2011 年博士学位论文。

[10]张惠文:《环保督察制度对京津冀地区雾霾防治的作用研究》,对外经济贸易大学 2018 年硕士学位论文。

[11]郭琦:《中央环保督察制度研究》,重庆大学 2020 年硕士学位论文。

[12]门倩:《从分散到整合:京津冀生态治理中的府际关系研究》,华东政法大学 2018 年硕士学位论文。

英文专著

[1]Philip A. Neher, Ragnar Arnason, Nina Mollett, *Rights Based Fishing*, Springer Dordrecht, 1989.

[2]Nguyen, An Thinh, *Global Changes and Sustainable Development in Asian Emerging Market Economies Vol. 1*, Springer, 2021.

[3]William H. Rodgers, *Environmental Law*, West Publishing Co., 1977.

[4]Nancy K. Kubasek, Gary S. Silverman, *Environmental Law(Fourth Edition)*, 2003.

[5]Lawrence M. Friedman, *A History of American Law (Second Edition)*, Simon & Schuster, 1985.

[6]Roger E. Meiners, Andrew P. Morriss, *The Common Law and the Environment*, Rowman & Littlefield Publishers Inc., 2000.

[7]Jon Foreman, *Developments in Environmental Regulation*, Palgrave Macmillan Cham, 2018.

[8]Wayne B. Gray, *Economic costs and consequences of environmental regulation*, Ashgate/Dartmouth, 2002.

[9]Tor Hundloe, *Environmental Impact Assessment*, Palgrave Macmillan Cham, 2021.

[10]Deepankar Kumar Ashish, Jorge de Brito, *Environmental Concerns and Remediation*, Springer Cham, 2022.

英文期刊

[1]Hardin G., *The Tragedy of the Commons*, Science, No. 2, 1968.

[2]Elizabeth T. Jacobs, Jefferey L. Burgess & Mark B. Abbott, *The*

Donora Smog Revisited: 70 *Years After the Event That Inspired the Clean Air Act*, American Journal of Public Health, No. 8, 2018.

[3] Willard E. Barber, *Maximum Sustainable Yield Lives On*, North American Journal of Fisheries Management, 1988.

[4] Liu, Y., Ali, M. S. e. & Cong, P. T., *Nexus between Economic Policy Uncertainty and Green Growth in BRICS Countries*: *Evidence from Panel Quantile Regression*, Environ Sci Pollut Res, 2023.

[5] Kathuria V., *Controlling Water Pollution in Developing and Transition Countries—Lessons from Three Successful Case*, Journal of Environmental Management, 2006.

[6] Tiebout C. M., *A Pure Theory of Local Expenditures*, Journal of Political Economy, 1956.

[7] Cutter W. B., Deshazo J. R., *The Environmental Consequences of Decentralizing the Decision to Decentralize*, Journal of Environmental Economics and Management, 2007.

[8] Ulph A., *Political Institutions and the Design of Environmental Policy in a Federal System with Asymmetric Information*, European Economic Review, 1998.

[9] Woods N. D., *Interstate Competition and Environmental Regulation*: *A Test of the Race to the Bottom Thesis*, Social Science Quarterly, 2006.

[10] Vogel D., *Trading up and Governing Across*: *Transnational Governance and Environmental Protection*, Journal of European Public Policy, 1997.

[11] Acemoglu D., Aghion P., Bursztyn L. et al., *The Environment and Directed Technical Change*, American Economic Review, 2012.

[12] Chen X., Liu J., *Fiscal Decentralization and Environmental Pollution*: *A Spatial Analysis*, Discrete Dynamics in Nature and Society, 2020.

[13] Poyago - Theotoky J. A., *The Organization of R&D and Environmental Policy*, Journal of Economic Behavior & Organization, 2007.

[14] Mateo Cordier, T. Poitelon & Walter Hecq, *The Shared Environmental Responsibility Principle*: *New Developments Applied to the Case of Marine Ecosystems*, Economic Systems Research, 2019.

[15] Anna Lukasiewicz, Stephen Dovers & Michael Eburn, *Shared Re-*

sponsibility: *The Who*, *What and How*, Environmental Hazards, 2017.

[16] Andre Nollkaemper, *The Duality of Shared Responsibility*, Contemporary Politics, 2018.

[17] Poul F. Kjaer, Antje Vetterlein, *Regulatory Governance*: *Rules*, *Resistance and Responsibility*, Contemporary Politics, 2018.

[18] Li Mo, Wiedmann Thomas, Hadjikakou Michalis, *Enabling Full Supply Chain Corporate Responsibility*: *Scope* 3 *Emissions Targets for Ambitious Climate Change Mitigation*, Environmental Science & Technology, 2020.

[19] Jaffe A. B., Peterson S. R., Portney P. R. et al., *Environmental Regulation and the Competitiveness of US Manufacturing*: *What Does the Evidence Tell Us*?, Journal of Economic Literature, 1995.

[20] Barmack M., Kahn E., Tierney S., *A Cost – Benefit Assessment of Wholesale Electricity Restructuring and Competition in New England*, Journal of Regulatory Economics, 2007.

[21] Friedrich C. J., *Public Policy and the Nature of Administrative Responsibility*, The Science of Public Policy, 2000.

[22] Finer H., *Administrative Responsibility in Democratic Government*, Public Administration Review, 1941.

[23] Cooper T. L., *The Responsible Administrator*: *An Approach to Ethics for the Administrative Role*, The Journal of Higher Education, 2013.